MITGIFT *Verlag*

Gerald Eschenauer
Es regnet Liebe

ISBN 978-3-903095-03-8
© 2017 MITGIFT *Verlag*
www.mitgift.at • office@mitgift.at

Satz & Layout: Ralph Edenhofer
Lektorat: Gerhard Maierhofer
Cover: MITGIFT *Verlag*, Fotolia

Inhalt

Geografische Bestimmung

Wo die gräulichsten menschlichen Verbrechen begangen wurden, hält sie sich am liebsten auf. Sie infiltriert, durchsetzt und entlarvt das Böse. Ohne erhobenen Zeigefinger. Eine Macht, die den längeren Atem haben wird. Nicht missbräuchlich, sondern selbsterklärend. Sie nutzt ihre Immerwährendheit gegen das Bestialische, das in Form von Banalität die Wälder, Wiesen und Menschen okkupiert, doch immer nur von kurzer Dauer sein kann. Alles andere wäre wider die Natur. Das Böse hat seinen Ursprung selten in der Dummheit, diese dient ihm vielmehr als Verstärker. Wir müssen uns davor hüten, den Fehler zu machen, zu vergessen. Vergessen ist der Anfang vom Ende. Und das Ende hatten wir bereits.

Sie liebt mich, sie liebt mich nicht, sie liebt mich, sie liebt mich nicht, sie liebt mich, sie liebt mich nicht, sie liebt mich ...

Es regnet Liebe
Gerald Eschenauer

Die Geschichte von den Fragen

„*Was denkst du?*", fragt *Helene*, ein Leuchten in ihren Augen. „*Ich? Nichts.*" Die erste Lüge. Auf Dauer ist es mühsam, immer Fragen zu beantworten. Und am Anfang gibt es so viele Fragen. Alles ist neu. Unentdeckt. Erforschenswert. Wert, der Sache, dem Menschen, auf den Grund zu gehen. *Helene* ist über beide Ohren in *Adam Erich* verliebt. Sie sagt nie *Adam Erich* zu ihm. *Erich* sollte genügen. *Adam* ist ihr zu biblisch. Gerade liegt sie in seinem Arm, auf seiner Brust. „*Was denkst du?*", unterbricht sie die Stille. Was antwortet man darauf als Mann, Vertrauen, Ehrlichkeit, Offenheit vorausgesetzt? *Adam Erich* hat keine Antwort, außer dass diese Frage irgendwie tötet. Einerseits die Stille, andererseits den Frieden, der noch vor wenigen Augenblicken vorgeherrscht hat. Es fehlen ihm die Worte, und das ist nicht die Antwort, die sie gerne gehört hätte. Die vorausgesetzte Antwort. Das Ausbleiben der Antwort setzt ein Unbehagen – nein, das wäre zu viel –, setzt einen vakuumähnlichen Zustand der Neutralität, eine Tendenz, ins Negative abzugleiten, in Gang. Öfter darf das nicht passieren, sonst sind die Liebe und die Harmonie im Arsch. Aber davon wittern die beiden momentan noch nichts. Noch wird munter und ohne Scheu drauflosgefragt. „*Was bestimmt dein Leben? Was bewegt dich momentan?*" Über Fragen wie „*Welche Sportarten, welches Essen, was magst du gar nicht?*" sind sie längst erhaben. Nicht selten werden sie gestellt, bei anderen Paaren. Manches Mal sehr kurz gehalten, wenn per SMS kommuniziert wird. Warum nicht? Solange überhaupt gefragt wird. Sie sind sich schon sehr sicher, *Helene* und *Adam Erich*. Ein unvergleichliches Gefühl. Ein kontrollierter Rausch, der sie gerade mitnimmt. Im Prinzip gesteht sie es sich nicht gerne ein, dass sie sich nach nichts so sehnt, als geliebt und anerkannt zu werden. Die Suche nach diesen beiden Faktoren, um zu einem menschengerechten, menschenwürdigen Leben zu kommen, ist evident. „*Was denkst du?*" ist ein Ja zu *Erich*. Ein Ja zu seinem Bauch, zu seiner alles andere als gestählten Figur, zu seiner Kommunikationsarmut und zu seinen Kränkungen und Hänseleien im Kleinkind- und Erwachsenenalter. Ein Ja zu *Erich*, das er selbst nicht erwidern kann. Ein Ja zu *Helene* fällt ihm leichter als ein Ja zu sich selbst.

Die Qualität der Fragen entscheidet über die Qualität des Zusammenlebens.

„*Wer war das? Was gibt es zu essen? Wann hast du heuer Urlaub? Was hast du diese Woche getan?*" Jede Frage verrät den Fragenden. Erich ist wortkarg. Kein Fragender. Kein Suchender. Kein Eroberer. Ins Leben geworfen, rudert er mit großen unkontrollierten Handbewegungen um sich, um nicht unterzugehen. *Helene* ist sein Rettungsanker, doch wer rettet *Helene*, wenn sie immer weiter aufs Meer hinaustreibt und der Stille überdrüssig wird? *Erich* ist dazu nicht in der Lage. *Helene* weiß das. Sie liebt ihn deswegen nicht minder. Ihre tief in ihr schlummernden Ängste, alleine zu sein, lassen *Helene* vieles ertragen. Die Antwortlosigkeit,

Sie liebt mich nicht

die Kluft, die sich mit der Zeit in ihrer Stille ausdehnt, macht es ihr manchmal schwer. Die Momente, in denen sich ihre Seelen umarmen, wortlos unchoreografierte Schritte tanzen, werden weniger. Ebenso wie die Fragen.

Es ist nicht die Zeit, um aufzugeben. Jetzt. In dieser Zeit, in der alles möglich ist. In der es vielen gut geht, die vermeintliche Freiheit allgegenwärtig ist. In einer Zeit, in der Partnerschaft und Beziehung wirtschaftlich keinen Stellenwert mehr haben, außer bei Anwälten, Detektiven und Psychotherapeuten. In *Helene* mobilisiert sich die Frau, die Partnerin, die Kämpferin.

„*Was denkst du?*", fragt *Helene* mit ernster Miene in der Küche an der Arbeitsplatte lehnend und *Erich* fixierend. Eine andere Intention schwingt diesmal in derselben Frage mit. *Erich* bricht in Tränen aus. Die schönste Antwort, die er ihr jemals gegeben hat. *Helene* nimmt ihn in den Arm. Alles steht kopf, die Rollen sind vertauscht.

Zu fragen kann doch kein Fehler sein. Fragt! Um Himmels willen fragt, was das Zeug hält! Und vergesst dabei nicht, die Antwort auch zu ertragen. Keine sozialisierten Fragen. Fragen des Herzens. Und lasst das Herz sprechen! Es schweigt selten, und wenn, dann hat es seinen Grund.

Helene und *Erich* liegen noch immer zusammen. Manchmal schweigen sie, manchmal reden sie, und manchmal lassen sie ihre Herzen sprechen.

Frauen, wir lieben euch

Dieses Getuschel beim Dessert am Buffet. Zu zweit marschiert ihr auf. *„I håb ålles."* Sämtliche Desserts durchgekostet. Auf dem Teller, der eigentlich der Hauptspeise vorbehalten ist, zusammengefasst. Mousse au Chocolat, Crème brûlée auf Mangospalten und Feigenmousse.

Wir lieben euch. Euer Verständnis für Ästhetik, für ästhetische Kleidung. Wenn ihr euch in die Jeans werft oder in konturenverhüllende Fetzenmode. Eine Frau wie die andere mit Ballerinas, um den Spreizfuß zu kaschieren. All jene, die noch ein Verständnis für die Überbeine und Fehlstellungen an den großen Zehen haben. Wir lieben eure ununterbrochene Euphorie, sich verbal über Nonsens zu unterhalten. Was Nonsens ist, darüber lässt sich trefflich streiten. Für euch ist er der Mittelpunkt der Welt. Wir lieben euch mit eurem Schachteldenken und den Beschriftungen des Beziehungsstatus. Wir lieben euch, wenn ihr euch mit eurer besten Freundin in einem Café trefft, Orgasmusschwierigkeiten eures Partners besprecht, von denen er selbst bisher nichts wusste und ein Anlächeln seitens der besten Freundin beim nächsten Treffen nicht zuordnen kann.

Wir lieben euch für den körperlichen Verfall, dem ihr euch entgegenstemmt. Die eine mehr, die andere weniger. Viele gar nicht. Glaubt uns, das ist unübersehbar. Ihr gebt euch dem Verfall hin, ohne ihn zu bemerken. Ihr seid Sinnbild für den Verfall. Uns wird er weniger übel genommen. Wir sind keinen Tick besser. Das spricht euch aber nicht von dem Umstand frei, euch dem Verfall hinzugeben.

Viel schrecklicher als der körperliche Verfall ist der geistige. Es gibt viel zu tun. Ob das sexistische Kabarett eines weiblichen Comedians der einzig gangbare Weg ist? Wir sind skeptisch. Wir lieben euch trotz der Zertrümmerung des Mannes Anfang des 21. Jahrhunderts. Wir lieben euch mit dem Wissen, dass die Annahme, als Frau alleine ohne das Gegengeschlecht Mann existieren zu können, falsch ist. Wir haben diese These nicht aufgestellt. Ihr habt sie gerne übernommen.

Wir lieben euch für die unzähligen Fehlentscheidungen, die ihr trefft, wenn ihr vor dem Spiegel steht. Übrigens, auch für die richtigen Entscheidungen lieben wir euch. Wir lieben euch für die unglaubliche Vielfalt an Schminkwerkzeug, das sich in eurem Badezimmer aufhält. Schrei nach Anerkennung in Pastelltönen, Mascara und Gesichtscremen in aufwendigen Verpackungen. Der Inhalt ist nichts wert, aber die Verpackung – wir staunen. Wir lieben euch für eure unvollendeten, euch meist missfallenden Körper. Fehlende Proportionen, unsymmetrische, unpassende Nasen, Falten, Augen und Körperringe – wir lieben euch. Wenn es euch gelingt, euch selbst anzunehmen, lieben wir euch besonders. Dann strahlt ihr engelsgleich. Die Stille wird dann laut, ganz ohne Worte.

Wir lieben euch für eure fehlende Diplomatie. Wenn alles sofort und während der Fernseher läuft, besprochen werden muss. Und wenn ihr von A nach Z, mitten im Satz, einfach das Thema wechselt, wir dabei nicken, obwohl wir bei D bereits ausgestiegen sind. Wir lieben euch auch dann, wenn größere oder kleinere Tattoos an Knöchel, Lenden, Schulterblatt und Rücken nur das Äußere eures Wesens, selten das Innere verändern und ihr euch darüber wundert. Wir wundern uns selbstverständlich mit euch. Und wir lieben euch dafür so gut wir können.

Wir lieben euch für das Binnen-I, das in keinem Text der Wertschätzung fehlen darf. Wir lieben euch für die unzähligen Selbsthilfegruppen, die ihr gegründet habt, um euer Selbstbewusstsein zu stärken, das, wovon ihr gar nichts wisst, bereits ein Vielfaches des männlichen Selbstbewusstseins erreicht hat.

Wir lieben euch für eure selbst gemachten Marmeladen, Kekse, Engel, die ihr uns ungefragt schenkt. Für die Bettwäsche, die ihr aussucht, und die Polster, die ihr zurechtrichtet. Für die Ordnung, die ihr haltet; zumindest manchmal. Wir lieben euch für eure konfuse Vielfältigkeit und Zerstreutheit, die mit ein Teil der gesamten Ordnung ist, ohne die wir nicht leben wollen und ohne die es nie und niemals gehen kann. Wir lieben euch für euer Verständnis, dass es uns manchmal zu viel ist, was ihr euch da leistet in euren Jogginghosen mit Einkaufstaschen am Arm und Punschkrapfen im Mund ins Cabrio einsteigend.

Wir lieben euch bedingungslos und immerwährend für alles Gesagte und Ungesagte, Getane und nicht Getane.

Wir lieben euch für eure Hand, die sich morgendlich nach uns ausstreckt, in der Löffelchenstellung näher rückt und uns komplettiert. Erst mit zwei Löffeln schmeckt der Kaffee. Wir lieben euch für das Überstreifen unseres viel zu großen Hemdes, in dem ihr verschwindet, das euch dennoch so gut steht. Das wechselseitig euren Geruch aufnimmt und unseren abgibt. Erst dann riecht es vollendet. Wir lieben euch dafür, dass ihr in richtigen und falschen Momenten Hotelzimmer bucht, an richtigen und falschen Destinationen. Wir lieben euch dafür, dass wir manchmal an richtigen Orten mit den falschen Frauen, an falschen Orten mit den richtigen Frauen oder zuhause mit den richtigen oder falschen Frauen Zeit verbringen.

Wir lieben euch dafür, dass ihr das seid, was wir nie sein können. Und hoffentlich noch sehr lange seid, was wir nicht sind und nie sein werden.

Wir lieben euch. Auch auf die Gefahr hin, dass wir damit euer Paradies, die rosa Wolke namens Harmonie, die Welt, eure Welt empfindlich stören. Schön stören. Schön …

Männer, sie lieben uns

Zahnpastatuben sind längst kein Thema mehr. Zusammengerollte Socken und Wäschehaufen schon. Sie lieben uns, weil sie sich gerne sorgen. Weil ihre Sorge Zeichen ihrer Zuneigung ist. Weil sich dahinter ihr Lebenssinn verbirgt. Frauen lieben uns, weil wir hilflose Wesen sind und Frauen das seit Anbeginn der Menschheit erkannt haben.

Frauen lieben unser durch nichts und niemanden erschütterbares Selbstbewusstsein. Sie lieben unseren Arm, in dem sie schwach sein dürfen, in dem sie versinken und bemüht sind, sich darin aufzulösen. Derselbe Arm, der auf den Tisch haut. Memmen sind nirgends gerne gesehen. Sie lieben unsere Stimme, die selbst in der ausweglosesten Ausweglosigkeit Überlegenheit suggeriert. Sie lieben den Jäger in uns, der spätestens bei der ersten Begegnung mit ihnen in den Hintergrund treten sollte und selten tritt. Sie lieben unsere Unpünktlichkeit, weil genau das der Punkt ist, an dem sie einhaken können. Und wegen uns das Essen kalt wurde und das Theater oder Kino versäumt wurde und der Kindergeburtstag ihres längst erwachsenen Kindes oder ihr eigener übersehen wurde.

Frauen lieben es, uns in die Augen zu sehen und uns zu beobachten, wie über Nacht das Doppelkinn stärker, die Koteletten fetter, der Bart länger und der Bauch größer wird. Sie tragen alles mit, nur keine andere Frau. Sie lieben unsere Monogamie. Unsere

Ehrlichkeit, Treue und Beständigkeit. Wobei sie IHR Verständnis von Ehrlichkeit meinen. Eine vorgefertigte, einzementierte weiblich manifestierte Ehrlichkeit. Es kann und darf nur eine geben.

Sie lieben unsere handwerklichen Fähigkeiten, das Bankkonto eines Bankers oder Politikers und die Ausstrahlung von *Antonio Banderas*, gekreuzt mit *George Clooney* und *Marquis de Sade*. Eine der leichtesten Übungen ... Übrigens, haben Sie schon mal die Frau von *Joschka Fischer* gesehen? Oder die Frau von *Bernie Ecclestone*? Oder die Frau von *Donald Trump*?

Frauen lieben unsere Unkompliziertheit. Unsere schnelle Auffassungsgabe. Unser Bulldozerdasein. Und sie tolerieren unsere Unfähigkeit zu verstehen, dass nach ihrem Ermessen keine raschen Lösungen gefragt sind, sondern ausschließlich ein offenes Ohr, das wir meist nicht haben, weil wir praktisch und lösungsorientiert sind.

Frauen lieben unser Schnarchen. Sie könnten stundenlang zuhören. Müssen. Können; nicht schlafen. Frauen lieben unser familiäres Bewusstsein. Wenn wir mit ihren Kindern spielen, die in erster, zweiter oder dritter Ehe entstanden sind. Sie sind dankbar dafür. Frauen lieben unser Verständnis, dass es sich mit High Heels und ihrem Übergewicht nicht so gut geht. Frauen lieben unsere Bereitschaft, ihnen im Haushalt zu helfen. Vom Kochen ganz zu schweigen. Männer, die kochen, sind sexy. Frauen lieben unsere Kochkünste.

Es kann nicht mit Sicherheit angenommen werden, dass Frauen unsere Fürze, die wir nach geraumer Zeit ungeniert im Bett entfleuchen lassen, lieben, doch haben auch sie etwas Verbindendes. Ganz so ist es nicht. Sie werden nicht prinzipiell abgelehnt. Frauen gestehen immer seltener ein, dass sie uns brauchen und lieben. Was genau sie sonst noch an uns lieben, gilt es im Bedarfsfall individuell herauszufinden.

Also gehet hin in Frieden …

Zu Weihnachten liebt es sich besser

Sie zerrt an dem Vierjährigen, reißt an ihm herum wie an einem Tier, das in die falsche Richtung zieht. Mit der flachen Hand schlägt sie dem Kind ins Gesicht. *„Wennst dås Spülzeug net aufhebst, verbrenn ich's!"* Aggression liegt in der Luft. Das überdicke Kind, ein Klon der überdicken Mutter, Herkunftsland unklar, setzt kein Zeichen von Gegenwehr. Es ist sich der Übermacht bewusst. Später, ja später wird es auf dieses heutige Ereignis eine Antwort geben.

24. Dezember, auf irgendeinem Hauptplatz irgendeiner Stadt, auf irgendeinem Weihnachtsmarkt. Mit Maronibratern, Ponyreiten, Weihnachtswunder im Radio und Holzständen, die Krimskrams verkaufen. Unnötiger Trödel, der, in Hilflosigkeit gekauft, später im besten Fall auf einem Flohmarkt, im schlechtesten Fall in der Mülltonne landet.

Es geht auch anders.

Fröhliche Menschen, die sich miteinander unterhalten. Dieser 24. Dezember hat es in sich. Wenig Hektik, außer der griesgrämigen Alten, die von ihrer Tochter über die Fahrbahn geführt wird, mir die Faust entgegenstreckt und damit signalisiert, dass ich hier nichts verloren habe, auf dieser Straße, die für Autos gebaut wurde. Felsenfest ist sie davon überzeugt, dass sie im Recht ist. Ihre zittrige zum Himmel geballte Faust unterstützt diesen eigentümlichen Denkansatz.

Es geht auch anders.

Zurück zu den fröhlichen Menschen. Sie können nicht anders. Freudig stehen sie da. Ihren überteuerten, lauwarmen und überzuckerten in einem mäßig gespülten Häferl befindlichen Glühwein haltend, sprechen sie mit einem oder mehreren ihrer Mitmenschen, vielleicht sogar Liebsten. Die Unbewusstheit ist eine erhebliche Konstante in ihrem weihnachtlichen Dasein. Nichts Konstruiertes, nichts Gesetztes. Das gibt dem Moment eine relative Stärke. Sie wissen nicht, wohin es geht. Meist verdrängen sie die Frage nach dem möglichen Wohin. Für heute Nachmittag ist es gut. Für ein Morgen ist es zu früh. Das ist keine Bewertung. Vielleicht sogar ein Glücksfall. Weihnachten – und sie sind glücklich. Da gibt es nichts zu rütteln. Diese kleinen Momente, diese Unscheinbarkeit, fast überflüssig daherkommend, ist das eigentliche Weihnachtsgeschenk. Dafür danken wir selten. Niemand vermisst die *mitzählenden elektronischen Flaschenöffner mit Uups-Spracherkennung* oder den *Teleskop-Rückenkratzer*, der bequemes Kratzen an schwer erreichbaren Stellen verspricht. Niemand freut sich über *Smartphone-Selfie-Sticks* oder den *Activity Tracker*, einen Schrittzähler mit Bluetooth-Anbindung für alle keksverfressenen und von Schweinsschnitzel oder Selchwürsteln mit Sauerkraut aufgeblähten Weihnachts-Zelebrierer.

Die praktizierende Muslimin hinter der Wursttheke eines Lebensmittelgeschäfts, welches ohne Wissen der Belegschaft kurz nach Weihnachten schließen wird, wirkt glücklich und zufrieden. *„Es ist Weihnachten"*, frohlockt es aus den Werbelautsprechern. *„Na wås di åber nit sågn!"* *„Wear i åber jetzt net draufkemman!"*, äußert sich die Muslimin in einem Kauderwelsch aus heimischem Dialekt und fremdartigen Lauten. *„Wear i åber glei ånruafn und mi persönlich bedånkn"*, schreit die Muslimin hinter der Wursttheke, noch immer freundlich, weihnachtlich eingestimmt, hervor. Ja, liebe Leute. Wir wissen alle, dass heute der Heilige Abend bevorsteht. Nicht wenige sind sich ihrer Aufgabe und Funktion, Konsument zu sein, bewusst. Sie haben ihre Hausaufgaben gemacht. Gekauft, was das Zeug hält.

Ein paar Straßen weiter eine überfüllte, verrauchte Kneipe – ein Café, wie es sich im Zusatz nennt, das amerikanische Weihnachtslieder in einer impertinenten Lautstärke spielt, dass selbst mir als Autor keine Idee mehr kommt, außer rasch aus diesem Lokal zu verschwinden.

Draußen treffe ich auf *Magdalena*, die bei ihrem großen Bier sitzt. In der Sonne. Angelehnt an eine Hausmauer. Ihr lang andauernder Lidschlag zeigt, dass es nicht das erste große Bier sein kann, das sie am Tag zum Heiligen Abend zu sich genommen hat. Sie ist des Weihnachtsfests überdrüssig. Mit dem Freund Schluss gemacht, das erste Mal in dieser Stadt, überrascht, wie weihnachtlich, freundlich sich diese Stadt zeigt. Bipolare Störung. Erkennbar an ihrer inneren Unruhe.

Dem plötzlichen Aufspringen, scheinbar grundlos, und der Äußerung, sich das nicht anhören zu müssen, obwohl niemand etwas gesagt hat. Sie möchte diesen Abend in dieser Stadt verbringen. *„Vielleicht bekomme ich einen Weihnachtsfick ab"*, bemerkt die durchaus gebildet wirkende Mittvierzigerin. Weg war sie.

Wir können einander auf Dauer nicht hassen. Ob wir einander dauerhaft lieben können, steht auf einem anderen Blatt geschrieben. Jedenfalls ist es ein weiter Weg dorthin. Zu lieben. In der Zwischenzeit glänzen wir durch Abwesenheit.

Wissen Sie eigentlich, woran Weihnachten zu erkennen ist? Sie werden beispielsweise mit einer Zeitmaschine an diesen besagten Tag, den 24. Dezember, gebeamt, wissen aber nicht, dass Weihnachten ist. Woran erkennen Sie Weihnachten? Mitten im Wald? Auf der Bergspitze? Am verlassenen See? [Pause] Überhaupt nicht. Ein Tag wie jeder andere. Die gesellschaftlichen Zeichen sind Plastikbäume, von den Kaufleuten zu zahlende Weihnachtsbeleuchtungen in den Städten, mehr Abwesenheitsnotizen bei E-Mails, verstärkte Alkoholkontrollen und Planquadrate bei der Polizei, erhöhte Trennungsraten und Familientragödien. Sie erkennen Weihnachten an Kleinkonsumkrediten, die großzügig zum Nulltarif angeboten werden. Die auch den Allerärmsten Konsum ermöglichen sollen.

Wir lassen uns von alldem nicht beirren, folgen dem einen oder anderen Stern und sehen dabei in

Sie liebt mich nicht

so manch glückliche und zufriedene Kinder- und Erwachsenenaugen.

Und wenn am 24. Dezember die großflächigen Fenster von Cafés platzen, die Glassplitter auf die Flaniermeilen geschleudert werden, Körperteile durch die Wucht der Bombenexplosionen auf den Kekstellern landen oder Kinder sich nicht mehr in die Nähe von Paketen trauen, weil sie Bomben darin befürchten, dann haben wir etwas verdammt falsch gemacht und sollten nicht so tun, als ginge uns das alles nichts an.

Paarbericht

„Wir tun einander auf Dauer nicht gut. Der Tee ist lauwarm, die Suppe und das Essen kalt. Wie soll ich damit leben? Denkst du, ich habe keine Vorstellungen vom Leben? Ich möchte einen gebügelten Kragen, keine Kragenkraterlandschaft. [Pause] Es ist aus. Aus mit uns beiden. Das geht doch auf keine Kuhhaut!"

„Aber Herbert, es war doch immer gut mit uns."

„Was war gut? Du meinst dein Flanellnachthemd. Deinen Nivea-Geruch oder diesen Zitronenduft, den ich immer mit Klo in Verbindung bringe?"

„Aber Herbert ...?!"

„Was?"

„Herbert, mir fehlen die Worte."

„Ich mag weder deinen Mund noch deinen Mundgeruch. Ich hasse deine Bravheit. Brav sein kannst du beim Hemdenbügeln oder wenn du tot bist. Du sollst eine Sau sein im Bett!"

„Aber Herbert ... Nicht so laut. Nebenan schlafen die Kinder."

„Ich scheiße auf die Kinder. Ich, Herbert, scheiße auf die Kinder. Ich will endlich wieder mal ficken."

Er liebt mich nicht

Szenenwechsel

„Herbert, das wird nichts mehr mit uns. Du bist ein lieber Kerl. Kannst das Klo und den Gartenzaun reparieren, aber zwischen uns, sei mir nicht böse, das wird nichts mit uns zwei.

Weißt, Herbert, ich wünsch mir einen Mann, mit dem ich reisen kann. Der mir die Welt zu Füßen legt. Ein Raubtier, das mich nimmt, streng und zärtlich. Und du bist ein räudiger Straßenkater, ein braver Koalabär.

Herbert, ich habe einen anderen Mann. Ich bitte dich, bis Monatsende auszuziehen. Die Wohnung bleibt mir, die Scheidungspapiere sind in der Küche, ich bitte dich, sie durchzulesen und zu unterzeichnen. Das erspart uns eine Menge Ärger. Herbert. Ärger können wir jetzt wirklich nicht gebrauchen. Mach's gut, Herbert."

Alles, was dir zu Liebe einfällt

Wann kommst du wieder?
Wer war das?
Warum liebst du mich?
Warum liebst du mich nicht?
Was hat sie, was ich nicht habe?
Was stört dich an mir?
Warum STÖRT dich das an mir?
Warum stört DICH das an mir?
Warum stört dich DAS an mir?

Wann sehen wir uns wieder?
Schalte das Licht aus.
War es das wert?

Ja. Und noch einmal ja.

Bedienungsanleitung

Die Liebe ist ein Zustand,
der uns zwingt,
unsere Fehlbarkeit einzugestehen.

Die Liebe ist ein Zustand,
kein Umstand.
Die Liebe ist nicht festzumachen,
vielmehr verflüchtigt sie sich
von selbst.

Die Liebe ist, was uns allen fehlt
und dennoch ständig in uns ist.

Liebe unter Bäumen halte ich für möglich,
Liebe unter Menschen für notwendig.
Die Liebe ist der verzweifelte Versuch,
zu retten, was nicht zu retten ist.

Nächster Versuch ...

Eigenliebe

Es ist nicht, was ihr denkt. Die Tür geht kaum mehr auf. Die Zeitungsstapel liegen überall in der Wohnung verteilt. Auf dem Bett im Schlafzimmer, im Eingangsbereich auf dem Parkettboden, selbst auf der Plastikabdeckung des alten, aber funktionierenden Plattenspielers, die unter der Last an zwei Seiten bereits gebrochen ist. In der Badewanne häufen sich Kugelsteine. Auch in der Duschwanne. Kugelsteine in allen Größen, Farben und Erscheinungsformen. Es stinkt zunehmend nach alten, verfaulten Lebensmitteln, ebenso nach Pisse. Der Glanz der vergangenen Jahre ist aus der Wohnung entwichen. Das Chaos hier ist für jeden Außenstehenden unverständlich, nicht nachvollziehbar. Ein Durch-die-Wohnung-Schlendern ist seit Jahren unmöglich. Die ältesten Zeitungen sind 13 Jahre alt. *Herbert* fühlt sich wohl. Vieles erinnert ihn an sich selbst, kommt hoch beim Betrachten der einzelnen Utensilien. Eine Herdplatte steht ihm noch zur Verfügung, die restlichen drei sind überfüllt mit Plastiksäckchen, Aluminiumdosen und Lebensmittelverpackungen. Der Fernseher funktioniert zwar, wurde aber bereits vor Jahren von GIS, der Gebühreninformationsstelle des ORF, zwangsentwertet. *Herbert* ist ungepflegt. Die Fingernägel zu lange und dreckig, das gerippte T-Shirt stinkend, der Bart wuchernd. Sein Mundgeruch mischt sich mit unangenehmen Gerüchen in der Wohnung. Wenn Gerüche wie jene von ranzig gewordenem Fleisch, saurer Milch, Kot und Pisse, Schimmel und stickiger Luft aufeinandertreffen, ist das

Er liebt mich nicht

zu tun, was *Herbert* über die Jahre ganz gut gelernt hat. Zu unterdrücken.

Herbert liebt sich selbst. Er zeigt es, indem er nichts, was an ihn erinnert oder mit ihm verbunden ist, jemals wegwirft. Er könnte es noch brauchen. So ein Leben kann schon sehr lange sein. In einem Karton, er weiß nicht mehr wo er steht, die Scheidungspapiere. Darin zu finden die verwaltungsbehördliche Untersagung, dem Haus seiner Ex näher als einhundert Meter zu kommen.

Hin und wieder zeigen sich Ungeziefer in der stickigen Wohnung. *Herbert* geht stark davon aus, in diesen Räumen zu sterben. Während um ihn die Menschen überlegen, ob sie das Wasser aus Plastik- oder Glasflaschen trinken, denkt *Herbert* über das Sterben nach. Er ist sehr belesen. Davon zeugt das Bücherchaos, das sich in den vergangenen Jahren in seiner Wohnung angehäuft hat. Wenn nur ein Teil davon abhandenkäme, es würde *Herbert* auffallen.

Manchmal kommen *Herbert* kuriose Gedanken. Wenn er zum Beispiel eine unvergleichliche Schönheit kennenlernen würde, die sein Innerstes erkennt, und sie gemeinsam in ein nobles Restaurant essen gingen und *Herbert* sie danach noch zu sich einlüde und sie in ihren halterlosen Strümpfen und den designten klassischen High Heels völlig unbedenklich über die Müllberge in seiner Wohnung kletterte und noch nicht von *Herbert* ablassen würde, weil sie ihm auf den

Grund seiner Seele folgte, und sie gemeinsam auf der zugemüllten, mit Zeitungen, Verpackungsmaterial und Unrat zugedeckten Couch Platz nehmen würden und das alles keine Rolle spielen würde, weil sie nur *Herberts* Wesen sähe; und plötzlich ist *Herbert* wieder in der Realität angekommen. In einer selbst verursachten Einsamkeit. Aus der er sich nicht aus eigener Kraft befreien kann. *Herbert* weiß das.

Herbert hat so viele unterschiedliche Bücher gelesen. *Platon*, *Nietzsche*, *Jaspers*. Auf einem Stapel liegt *Turrinis Rozznjogd* neben *Goethes Faust*. Es entsetzt ihn, dass heute niemand mehr liest oder lesen kann. *Herbert* ist ein Mensch von Welt. Ein Mensch, der sich in Mode ebenso auskennt wie in der Physik oder Philosophie. *Herbert* erlebt die aktuelle Entwicklung mit, versteht aber nicht, wie es so weit kommen konnte. Für ihn eine unnötige Welt. In seinem Heim fühlt sich *Herbert* geborgen. *Herbert* könnte Mitte dreißig, aber auch Mitte fünfzig sein, je nachdem wann die Schätzung stattfände, vor oder nach der Körperpflege.

Es gibt in *Herberts* ungeregeltem Universum Lieblingsstücke. Ein alter, ungewaschener selbst gestrickter Pullover, der unter mehreren Langspielplatten, darunter *Sticky Fingers* von den *Rolling Stones*, zu liegen gekommen ist. Oder der Rest einer Pflanze, die einmal eine stattliche Zimmerpflanze gewesen sein muss. Seine Exfrau hat sie immer als schwierig und zu groß bezeichnet. Er hat sie geliebt, er liebt sie noch immer – seine Zimmerpflanze.

Er versteht die Aufregung nicht und auch nicht das Getuschel über ihn, wenn sich Nachbarinnen wieder mal zum Kartenspielen treffen. Die Tür wollten sie ihm schon eintreten, Delogierung stand im Raum. Einfach rausbekommen dieses asoziale Schwein, das sicher auch kleine Kinder schändet, zwischen den Müllhaufen. Diese perverse Drecksau. Eines Tages fand er einen Zettel an seiner Eingangstür. *„Ich weiß, was du hinter verschlossenen Türen machst, du Schwein!"* stand darauf zu lesen. Selten verlässt *Herbert* seitdem seine Wohnung. Nur im äußersten Notfall. Vielleicht einmal die Woche. An Essen denkt er so gut wie nie. Wasser ist wichtig, das weiß jedes Kind. Damit kann man lange überleben. Er weiß nicht, wie es weitergehen soll, wie es weitergehen wird. Seine CD-Sammlung wird sicherlich verkauft, wenn er nicht mehr ist. Eine Firma beauftragt, sein Gerümpel zu räumen, vielleicht jemand vom Gesundheitsamt. Seuchengefahr? Kein einziges Stück kann er halten, wenn er erst mal tot ist. Doch solange *Herbert* lebt, leben auch seine Dinge um ihn. Nichts davon wird weggegeben, rein gar nichts.

Sein Tor zur Außenwelt ist klein geworden. Ein Türspion mit Durchmesser acht Millimeter und besonders großem Öffnungswinkel.

Heute nimmt *Herbert*, völlig ungewohnt, im Rahmen eines Spaziergangs am öffentlichen Leben teil. Kurz währt der Spaziergang. *Herbert* setzt sich auf eine Parkbank. Er ähnelt äußerlich einem Sandler. Ein ewig getragener, längst aus der Mode gekommener Anzug, Ruinen in der vorderen Zahnreihe, irgendwo spricht jemand von der Flüchtlingsproblematik und von zweckentfremdeten Geldern für Menschen, die nun in diesem Land leben, als sich plötzlich *Herberts* zukünftige Bestimmung in Gestalt eines weiblichen Wesens neben ihn setzt und still, ebenso wie *Herbert*, vor sich hin starrt. *Herbert* empfindet diese Stille als angenehm.

„Es wird alles gut", tönt es von dem zierlichen weiblichen Wesen, das, wie aus dem Nichts gekommen, irgendwann auch wieder in das Nichts entschwindet.

„Es wird alles gut", vernimmt *Herbert*.

Das Resultat

Der Mensch ist das Ergebnis
Aus Naturell und Sozialisierung
Sein Charakter die Differenz
Aus Sozialisierung und Naturell
Das Göttliche
Sein Naturell ohne Sozialisierung.

Kein Entrinnen

„*Wie ich da rauskomme? Ich weiß es nicht. Jedes Mal wenn ich gehe, denke ich, es war das letzte Mal.*" *Helene* möchte, dass *Norbert* es weiß, sie mit ihren Gefühlen nicht alleine dasteht. Aus der Wohnung geworfen. Auf die Straße gesetzt. In ihrer Gefühlswelt alleingelassen. Es ist nicht der Sex, der sie verbindet. Es ist die anfängliche Unverbindlichkeit, die in ihrer Leichtigkeit ein Gefühl in *Helene* ausgelöst hat, das sie zuerst nicht gekannt, später verleugnet und nun endlich wiedergefunden hat. Das Gefühl, Frau zu sein. Wenn sie in den Armen von *Norbert* aufwacht. Sich schlafend stellt, nur um diesen Moment ewig an sich zu binden. Nie wieder aus diesem Paradieszustand aufzuwachen. Das ist *Helenes* erklärtes Ziel. Sie fürchtet sich so davor, zu scheitern. Eine Erklärung hat sie für all das nicht, obwohl sie unentwegt an *Norbert* denkt und über ihre Verbindung und ihre Gefühle zu ihm. Grausam ist das. Während sie ihre Kunden bedient, davor und danach denkt sie an *Norbert*. Es nicht mehr zu tun. Ihm nicht mehr zu begegnen. Ihm keine Chance mehr zu bieten, sie zu verletzen. Mit seiner Freundlichkeit, Zuvorkommenheit und seiner zu hundert Prozent auf sie gerichteten Aufmerksamkeit, ihr den Boden unter den Füßen wegziehend. Sie hat sich noch nie so wohlgefühlt. Das gibt ihr zu denken. „*Weil es tiefer geht und ich nicht mehr weiß, wie ich da rauskomme.*" Wenn *Norbert Helene* den Kaffee serviert, weiß sie, dass es an der Zeit ist zu gehen. Sie möchte nicht gehen. Sie möchte für immer bei *Norbert* bleiben. *Helene* weiß, dass es keinen Verhandlungsspielraum gibt. Sie muss gehen. *Helene* weiß aber auch, dass sie sich schützen muss. Wenn es tiefer geht, muss sie sich schützen. Davor, verletzt zu werden, den Boden unter den Füßen zu verlieren, nicht mehr klar bei Sinnen zu sein. Daran ist nur *Norbert* schuld. Und manches Mal ist sie unglaublich froh darüber, dass es so ist.

Anfangs hat sie immer wieder Accessoires bei *Norbert* liegen gelassen. Ohrringe, Strümpfe, ihren Schal. Es fühlte sich besser an. Ein Grund, wiederkommen zu dürfen. *Norbert* bemerkte diese Spitzfindigkeit nicht. *Helene* ist offen. Nicht offen im herkömmlichen Sinn, also im Sinne von kommunikativ, gesprächsbereit oder sexuell motiviert. *Helene* ist offen – blank. Ist aus ihrer Deckung aufgestanden, und mit erhobenem Haupt ergibt sie eine prächtige Zielscheibe. *Norbert* hat genau das in ihr hervorgerufen. Noch ist *Helene* nicht so weit, wieder in Deckung zu gehen. Noch strömt der vielschichtige Duft von Akzeptanz, Begehren, Zärtlichkeit und Forderung durch ihre Nasenflügel. Diese Mischung irritiert *Helene*. Diese Geruchsmischung lässt *Helene* Dinge tun, die sie aufrichten und zusammensacken lassen, je nach Tagesverfassung. Kraftakte, deren Ursprung irgendwo anders liegen. Nicht bei ihr selbst. Sie ist außer sich, sieht sich selbst dabei zu, wie sie Dinge tut, die sie liebt und gleichzeitig hasst. Wie sie dabei ist, sich in sich und *Norbert* aufzulösen. Weil sie dabei ist, euphorisch wie ein Entdecker mutig voranzuschreiten, neue Ufer zu erkunden, alte Muster über Bord zu werfen, und dabei selbst Gefahr läuft, unterzugehen und zu ertrinken. *Helene* ist alles recht, nur um diesen Zustand der Glückseligkeit nicht verlassen zu müssen.

Es ist Zeit für *Helene* zu gehen.

Norbert begleitet sie zur Tür. Sie hätte noch viel zu sagen. Im Radio läuft *Sven van Thoms „Schatz halts Maul"*. *Helene* sieht sich um, so als würde sie ihre Umgebung ein letztes Mal in Augenschein nehmen. Eine Schwere der ausweglosen Erkenntnis erfüllt den Raum. Sie hätte jetzt jemanden nötig, der ihr Mut und Hoffnung gibt. *Helene* sieht *Norbert* an. *Norbert* sieht durch *Helene* hindurch. Weil sie es zulässt. Weil ihre Tränen, die ihr aus den Augenwinkeln über die Wangen laufen, ihren mühsam aufgebauten Schutzschild neutralisieren, sie *Norbert* wehrlos gegenübersteht.

Der Stille folgt ein Geräusch, das Schließen einer Tür und das geräuschlose Fallen von Tränen auf die Böden dieser Welt.

Beständigkeit

Seit 12 Jahren, 14 Tagen, 8 Stunden und 12 Minuten hält dieser Zustand bereits an. Seit jenem Moment, als *Hugo Elfriede* das erste Mal vorüberschweben sah; im XXXLutz-Möbelhaus-Einkaufszentrums-Restaurant. Sie sah ihn nicht gleich, alle Tische waren voll besetzt. Hatte auch wenig Zeit für ihn. Wie ein Automat tippte sie in ihren Handheld. Stellte ein paar automatisierte Fragen wie: *„Preiselbeeren oder Parmesan? Ein Kräuterbaguette dazu?"* Diese Fragen gingen ihr sogar im Traum durch den Kopf. Parmesan? Preiselbeeren? Kräuterbaguette? Ihr zierliches Wesen hatte etwas Schelmisches an sich, das jedoch ob des Arbeitsdrucks zunehmend in den Hintergrund treten sollte. Für *Hugo* war das alles unwichtig. Er tat, was er tun musste. Was zu tun war. *Elfriede* nahe zu sein. Das war sein erklärtes Ziel. So besuchte *Hugo* seit mehr als 12 Jahren dieses Möbelhaus, nur um sie zu sehen. Die ersten sechs Jahre sprachen sie kein Wort miteinander, außer dass sie höflich die Bestellung aufnahm, die Rechnung ausstellte und kassierte. Aber an diesem 21. August des siebenten Jahres sollte sich alles ändern. *Hugo* kam am späten Nachmittag, das Restaurant war menschenleer. *Elfriede* sah an diesem Tag in *Hugo* mehr als nur einen Gast. Äußerlichkeiten fielen ihr auf. So zum Beispiel, dass dieser Mann stark zugenommen hatte. Manchmal sah sie *Hugo* siebenmal die Woche im Restaurant, oft mehrmals täglich. Sie schöpfte keinen Verdacht. *Hugo* hatte sich nie dazu geäußert. *Hugo* wog 185 Kilo. Vor 12 Jahren waren es noch 85. Sein halbes Leben verbrachte er in seinem Lieblingsrestaurant.

XXXLutz-Küche und *Elfriede*.

Sie anzusprechen hielt er für vermessen. Er hatte eine gute Kinderstube. Aufdringlichkeit war nicht sein Ding. Vor Abweisung hatte er eine Höllenangst. *Gut Ding braucht schließlich Weile*, dachte sich *Hugo*, um nur ja nicht mit der Tür ins Haus zu fallen. Eines Tages wird sie es von selbst merken und alles wird gut, war *Hugo* von sich und der Erfüllung seiner Prophezeiung überzeugt. Wenn *Hugo* und *Elfriede* nicht miteinander sprachen, und das war zu 90 Prozent der Fall, aß *Hugo* alles in sich hinein, was der Lutz-Preisepass und die Lutz-Vorteilsgutscheine zu bieten hatten. Es war Genugtuung für *Hugo* und für jeden verlorenen Tag, an dem ihn *Elfriede* nicht bemerkt hatte.

Elfriede war *Hugos* große Liebe. Auch ohne überschwängliche Gefühlsausbrüche, ohne Turteln und ohne Hochzeitsglocken. *Hugo* stellte nach drei Jahren von *Cola* auf *Cola Light* und später auf *Cola Zero* um. Der Kalorien wegen. Zwischenzeitlich saß er mehrere Stunden täglich in dem Restaurant. Er wusste sogar, in welcher Routine die Menüs wechselten. Anfangs wettete er mit sich selbst darauf. Spaßeshalber. Später wusste er es wirklich. So etwas wie Vertrauen entwickelte sich zwischen *Elfriede* und *Hugo*. Ihre Körper berührten sich so gut wie nie. Vielleicht mal zwischendurch ein zufälliges Aneinandergeraten, wenn beide zum Besteck griffen oder sie den Teller nehmen wollte und er dieselbe Idee hatte. Die Berührung, die zufällige Berührung, sollte über viele Jahre der Höhepunkt zwischen den beiden bleiben.

Es war an der Zeit, den nächsten Schritt zu tun. Wohlbedacht, versteht sich. Er wollte nichts überstürzen. Übrigens musste *Hugo* immer wieder Tiefschläge einstecken. So zum Beispiel, als das Möbelhaus abbrannte. Wochenlang hörte er nichts von *Elfriede*. Oder wenn sie unangekündigt Urlaub hatte. 14 Tage waren für *Hugo* wie eine Ewigkeit. Das Leben war auf *Elfriede* ausgerichtet. Er bemerkte Frisur- oder Haarfarbenwechsel, ein neues Parfum auf ihrer Haut ebenso wie Nagellackfarben oder neue Kleidungsstücke an ihr. *Hugo* war im Bilde, was *Elfriede* anlangte. Interessanterweise hatte *Hugo Elfriede* kein einziges Mal außerhalb des Möbelhauses getroffen. Schade eigentlich. Es würde sich schon ergeben, so es für sie beide bestimmt sein sollte.

Hugo wusste weder *Elfriedes* Telefonnummer noch ihre Wohnadresse. Er ist nicht einmal auf die Idee gekommen, sie danach zu fragen, so fasziniert war er von ihr. Er stellte sich auch nie die Frage, wie das Ganze ausgehen könnte. Ihr nahe zu sein war ihm genug.

Eines Tages, *Hugo* saß zu Mittag bei seinem XXXL Pistenschnitzel Schweineschnitzel, 300 g – *Elfriede* kam auf ihn zu, war etwas anders. *Elfriede* trug einen Ring auf ihrem Ringfinger der rechten Hand. Sie strahlte *Hugo* gedankenlos an, machte eine Geste mit ihrer Ringhand und strahlte weiter. *Hugo* ließ sich nichts anmerken. Seelenruhig aß er sein XXXL Pistenschnitzel Schweineschnitzel, 300 g, mit gerösteten Zwiebeln und einem leicht angebratenen Spiegelei, geröstetem Bacon und Pommes fertig, bestellte einen Mohren im Hemd zum Dessert und saß regungslos vor seinem Teller. Er sah nicht mehr auf, als *Elfriede* die Nachspeise servierte. Ihm war klar geworden, was dieser Ring zu bedeuten hatte.

Hugo war nie ein Kämpfer gewesen. Stiller Protest. Nach dem Dessert stand *Hugo* nicht auf, ging nicht seiner Wege wie bisher. *Hugo* blieb sitzen. Die Zeit verging. Es wurde Abend, kurz vor Sperrstunde. Der ersten Aufforderung von *Elfriede*, zu gehen, konnte *Hugo* nichts abgewinnen. Dem nachdrücklichen Appell, er müsse das Restaurant jetzt verlassen, kam *Hugo* ebenso nicht nach. Die Kolleginnen und Kollegen des XXXLutz-Restaurants steckten bereits in ihrer zivilen Kleidung, baten ihn ein allerletztes Mal zu gehen. Nichts zu machen. *Hugo* weigerte sich, das Restaurant zu verlassen. Nicht argumentativ, im Stillen. Indem er einfach sitzen blieb. Indem er alle Arten der Aufforderung, das Restaurant zu verlassen, ignorierte. Das Personal zeigte dafür wenig Verständnis. Der Security-Dienst wurde gerufen. Ein Mensch kann sehr schwer sein, wenn die Kraft aus seinem Körper entschwunden ist. Vier Sicherheitsbeamte hoben *Hugo* unter Anleitung des XXXL-Geschäftsführers vom Restaurantsessel, durch die Wohnzimmermöbelabteilung,

Er liebt mich nicht

an der Schlafzimmerlandschaft vorbei, durch die Bade-zimmerabteilung über die Rolltreppe, vorbei an den Teppichen und Bettbezügen in Richtung Ausgang. *Hugo* zeigte sich unberührt von den Geschehnissen. Die vom XXXL-Geschäftsführer gerufene Polizei nahm *Hugo* vor der elektrisch betriebenen XXXLutz-Dreh-tür in Empfang. Die Beamten ließen *Hugo* von den Security-Leuten in ihr Dienstfahrzeug heben.

Ab besagtem Zeitpunkt sprach *Hugo* nie wieder ein Wort. Er aß und trank nicht mehr. Er bewegte sich nicht mehr. *Hugo* starrte nur regungslos vor sich hin. Zuerst am Polizeiposten, mehrere Stunden später in einer neurologischen Fachabteilung des Landes-krankenhauses. Verwandte wurden konsultiert, sie redeten auf *Hugo* ein, vergebens. *Hugo* war nicht mehr von dieser Welt. *Hugo* wollte nicht mehr von dieser Welt sein. *Hugo* hing plötzlich am Tropf. Zwangsernährt, mit lebenswichtigen Substanzen und Flüssigkeit versorgt. *Hugo* hatte schon bessere Zeiten gesehen. Er sah zum Sterben aus. Das tat er dann auch.

Und während *Hugo* starb, saß *Elfriede* bei Kaffee und Kuchen. Bedankte sich bei ihrer Großmutter für deren Ehering, der nach alter Familientradition am 30. Geburtstag der Enkelin an die nächste Generation weitergegeben wurde.

Herzenssache

Das Unerotischste dieser Welt ist der Verstand. Die Erotik liegt im ersten Mal. Die unbändige Wucht der ersten Erfahrung. Riechen, schmecken, kosten, betrachten, erleben. Das erste Mal ist unwiederbringlich. Allen Versuchen zum Trotz – unwiederbringlich.

Etwas in ihr drängt nach Erfahrung. Nach Bestätigung. Nach ihrer Position in der Welt. Selbstbestimmung, Selbstverortung. So herrlich neugierig ist sie. *Susanne*. Sie mag keine Abkürzungen. Susi-Rufe ihrer Freundinnen ignoriert sie. Das macht es nicht leichter für sie. Hat ihr den Ruf eingebracht, intolerant zu sein. Die Struktur der Schule ist Beiwerk. Aus ihrer Sicht überflüssig. Das Leben spielt sich auf anderen Schauplätzen ab. Im Freundeskreis, in ihrer Fantasiewelt. In ihrer bunten Welt von Möglichkeiten, Siegen und Tragödien. Das Leben ist dort, wo sie fühlt, wo sie sein möchte wenn sie nicht dort ist, was sie haben möchte und nicht hat, was sie spüren möchte und bislang nicht gespürt hat. Alles in ihr drängt. Unentschlossenheit. Zweifel, Dinge falsch zu machen, kreuzen sich mit Wünschen und Sehnsüchten. Abgrundtief, bergauf, das elende Wechselspiel ihrer kindlich-jugendlichen Naivität. Sie kann es sich noch leisten, körperkonträre Kleidung zu tragen. Ihre Brüste sind fest und ansehnlich. Ihr Hintern ist wohlgeformt und lädt zur Berührung ein. Ihr Gewebe ist straff. Trotz all ihrer Unsicherheiten hat sie einen makellosen Körper, der nie wieder so sein wird, wie er eben ist.

Sie ist jugendlich draufgängerisch. In gewisser Weise unkompliziert. Sie bringt ihr Umfeld dazu, umzudenken. Sie lehrt ihr Umfeld, ohne dass es ihr bewusst ist. Nur durch ihre Naivität, durch ihr kindliches Sein. Provoziert durch Klarheit, wird damit unbequem für alle jene, die es sich in ihrer Erwachsenen-Gedankenwelt bequem gemacht haben. *Susanne* nimmt die Herausforderung des Lebens an. Ihr Körper bringt sie durcheinander. Sie will erfahren und tut alles, um ihr Ziel zu erreichen. Sie denkt weder an Gesetze noch an Konsequenzen. Sie lügt, wenn es sein muss. Doch diese Lüge ist Notwendigkeit. Diese Lüge ist tolerierbar, wenn große Gefühle im Spiel sind.

Susanne ist bereit für die Liebe.

Ihr Körper sehnt sich nach Berührungen. Ihre Haut wird sensibel. Empfindlich ihr Gemüt. Manchmal schüttelt sie sich vor Lachen. Ansatzlos, ohne ersichtlichen Grund, wenn sie in seinen Armen liegt. Das Passierte zu beschreiben fällt ihr schwer. Zu stark sind die Gefühle. Es ist etwas gänzlich Neues, das in ihr Leben tritt. Von dem sie gerne mehr erfahren möchte. Das sich so gut anfühlt.

Sie sucht seine Nähe. Wenn sie bei ihm ist, steht ihre Zeit still. Ein Kosmos in der Welt. Eine Glaskugel voller Reinheit, die sie um nichts auf dieser Welt verlassen möchte. Trotzig und mutig stellt, ja stemmt sie sich entgegen, wenn er sie höflich auffordert zu gehen. „*Noch fünf Minuten*", winselt *Susanne*. Ein Kraftakt, doch ihre Neugier gepaart mit Sehnsucht ist stärker. Sie hegt Zweifel, was sie spürt, wenn ihre Lippen auf seine Lippen treffen. Sie möchte es. Immer und immer wieder. Weil es sich gut und richtig anfühlt. Weil sie sich gut dabei fühlt. Weil es neu ist. Weil sie das Gefühl hat, akzeptiert und anerkannt zu sein in diesem Moment. Ihm wichtig zu sein. Wichtig für die Welt, in der sie lebt.

Wird seine Beurteilung positiv ausfallen? Ihre Unerfahrenheit berücksichtigen? Ihre Unbeschwertheit reißt ab. Den Maßstab für die Bewertung kennt sie schon recht gut. Wird ihr täglich vorexerziert. In der Schule und in der Familie. Der Wertekanon. Was gut und schlecht ist. Generell: Fragen sind schlecht. Doch *Susanne* ist noch unbelehrbar. Sie stellt ihm unentwegt Fragen. Ihre Lieblingsfrage: Warum? Und er hat nahezu nie eine Antwort darauf. Ihre Fragen werden mit der Zeit weniger werden. Bis sie nicht mehr fragen wird, sondern schweigen. Doch davon ist sie noch weit entfernt. Unbändiger Drang zu fragen: *„Haben wir jetzt so etwas wie eine Beziehung? War ich gut? Küsse ich gut? Finden Sie mich zu dick? Hat Ihnen meine Kleidung gefallen? Was sagen Sie zu meinem Arsch?"*

Keine Antwort.

Ihre Lippen sehnen sich nach den seinen. Wenn sie in seiner Nähe ist, geht es ihr gut, und ihr sehnlichster Wunsch ist es, dass es so bleiben möge. Wenn sie gehen

Er liebt mich nicht

muss, fragt sie nach ihrem nächsten Treffen. Ein Anker für sie, an dem sie sich festklammert. Eine Boje, die sie über Wasser hält. *Susanne* gibt sich mit dem Existenten nicht zufrieden. Sie fordert ihn unentwegt heraus. Der Reiz des Neuen treibt sie an.

Und jedem Anfang wohnt ein Zauber inne ...

Susanne ist das erste Mal in ihrem Leben so richtig verliebt.

Unerreichbarkeit

Sie lieben sich, aber das ist nicht der Punkt. *Klaus* erreicht *Christina* nicht mehr. Also anatomisch. Wenn sie am Rücken liegt, prallen ihre Bäuche aufeinander. Es gelingt ihm trotz größter Anstrengung nicht, in sie einzudringen. Wobei das Wort „eindringen" viel zu häufig missbräuchlich verwendet wird. Eindringen würde ja bedeuten, dass dies ohne ihre Zustimmung passiert. In vorliegendem Fall nicht korrekt. Sie wünscht sich nichts sehnlicher, als *Klaus* in sich zu spüren. Leider ein Ding der Unmöglichkeit. Ein frommer Wunsch.

Der Schweiß rinnt ihm seine Flanke entlang, aus den Kniekehlen und unter den Achseln hervor. Schweiß ist ein großes Thema bei den beiden. Wenn *Klaus* sich bückt, um seine Schuhbänder zu öffnen, versucht seine Schuhe auszuziehen, beginnt das mit dem Schweiß bereits. Jegliche Vorgänge, die mit Bewegung zu tun haben, sind beschwerlich. Verlangen einen Kraftakt. *Christina* fällt es ebenso schwer, am Rücken liegend ihre Beine längerfristig anzuziehen und in Balance zu halten. Sie lieben sich trotzdem. Oder gerade deswegen. Eine Form der Verbundenheit, des gegenseitigen Verständnisses hat die beiden zusammengeschweißt. Der Schweiß rinnt auf beiden Seiten. *Christina* hat es etwas leichter, bei ihr sammelt sich der Schweiß auf dem frisch bezogenen Leintuch. Sehr saugfähig. Im Schlafzimmer verbreitet sich ein Geruch. Eine Mischung aus Schweiß, erotisierenden

Duftstoffen gepaart mit zwei Sorten Parfum. Es hat 34 Grad im Schatten. Erschöpft lässt sich *Klaus* neben *Christina* fallen. Der verstärkte Lattenrost und die darauf befindliche Matratze fangen *Klaus* sicher auf. Kurze Ruhepause. Liebevoll streichelt *Christina* seine fetten Oberarme, krault ihm das schwabbelige Bauchgewebe. Fast mütterlich tröstend streichelt sie ihn mit einer Zärtlichkeit, die nicht käuflich ist.

Wie ein angeschossenes Tier versucht *Klaus*, den ersten Rückschlag spürend, sich in die vermeintliche Sicherheit, sich in *Christina* zu retten. Diesmal seitwärts. Er rollt *Christina* wortlos auf die Seite. Schwer zu bewerkstelligen ohne das Mittun der Betroffenen. Bis sie versteht, was er möchte, vergehen einige Sekunden. Sie liegt in Position. Dass sie ihren Hintern durchgestreckt hat, wird – geschuldet ihrer Körperfülle – von *Klaus* nicht wahrgenommen. Fleischberge kommen zum Vorschein. Der Kleider, Unterwäsche hat sie sich vorsorglich entledigt, um die Sache nicht unnötig zu verkomplizieren. Fleischberge enormen Ausmaßes. Sie verdecken jene Körperregion, wo alles Leben beginnt. Überhang, Verdeckung, Verschleierung ohne Schleier. *Klaus* kämpft derweilen mit sich selbst. Er stemmt seinen geschundenen Ellbogen in die Matratze, die dieses fokussierte Gewicht kaum erträgt, daher nachgibt, und zieht seinen Körper von *Christina* weg, um ihn im Gesäßbereich an sie drücken zu können. Im Blindflug. Er sieht weder über den Bauch noch die Heil bringende Öffnung von *Christina*. Vergebens. Alle Mühen vergebens.

[Pause]

Die beiden lieben sich. Liebe muss nicht ausschließlich körperlich sein. Liebe geht häufig durch den Magen. Und wenn *Christina* und *Klaus* gemeinsam in der Küche stehen, spielt Sexualität keine Rolle. Auch ein gemeinsam zubereiteter Schweinsbraten hat erotische Züge. Und das gemeinsame Essen – ja, das hat immer noch gemundet.

Verloren

BH-Test durchführen. Die Wunden geleckt bekommen. Tiefe Einblicke in ihr Dekolleté. Das alles steht ihm offen. Zu jeder Zeit. Immer und überall. Er pfeift drauf. Lieber wäre ihm jetzt eine Wärmeflasche oder zumindest ein Bad. So kann es nicht weitergehen. Er ist doch auch nur ein Mann. Sie verfolgen ihn. Täglich. Bis spät in die Nacht. Mitten in der Nacht. Nach Mitternacht. Ausnahmslos. Führen ein oder wenige Gespräche und nehmen sich schon das Recht heraus, ihn zu vermissen. Wie arm diese Welt geworden ist. Wie gefühlsarm, denkt *Herbert* und starrt in die Ferne. Das alles ist ihm so unbegreiflich. Er würde gerne mal mit einer Frau über dieses Thema reden, aber es scheitert daran, dass jede ihn versteht. Vorgibt, ihn zu verstehen. Das kotzt *Herbert* an. Gibt es in dieser scheißverdammten Welt eine Frau, die ihm ins Gesicht sieht und ehrlich sagt, dass sie keine Ahnung hat, wovon *Herbert* redet? Nein. Keine. Anschmiegsam und verständnisvoll sind sie. *Herbert* rächt sich auf seine Art. Er tut so, als ob. Er täuscht Orgasmen vor. Täuscht vor, am Gespräch interessiert zu sein. Täuscht vor, ihren überflüssigen Quatsch amüsant, interessant oder gar informativ und gesellschaftsrelevant zu finden. *Herbert* ist die leibhaftige Täuschung. Und schuld sind seine weiblichen Gegenüber. So perfekt. So vollständig. Geben an, alles zu können. Niemand kann alles können. Sie geben es vor. Finden sich in Gruppen zusammen, während ihre männlichen Gegenüber in der Steinzeit stehen geblieben sind. Auch darum zieht sich *Herbert* zurück. Will nichts mehr wissen von BH-Tests und geleckten Wunden. Das Angebot ist ihm zu viel. Wie hundert Marmeladegläser in den Kaufhausregalen. Alleine beim Betrachten steigt ein Gefühl des Überfordertseins im Körper des potenziellen Käufers hoch. Wer soll das alles fressen? Die Frage nach der Sinnhaftigkeit mehrt sich.

Herbert fühlt sich verloren. *Herbert* fühlt sich alleine. *Herbert* ist allein. Und immer wenn er sich dessen gewahr wird, ist *Herbert* unberechenbar. Zieht sich *Herbert* Frauenkleider an, schminkt sich und zeigt allen, die es wissen wollen, dass *Herbert* die bessere Frau ist. Seine Beine sind makellos. Sein ganzer Körper ein sinnliches Kunstwerk. Nichts, was es aus Sicht einer Frau an *Herbert* auszusetzen gäbe. *Herbert* ist verloren, ein hoffnungsloser Fall. Er sehnt sich nach nichts mehr als nach Verständnis. Ernst genommen zu werden. Ernst als Mann. Und gegenüber sitzt er immer öfter einem besseren Mann in Frauenkleidern, mit weiblichen Geschlechtsteilen, geschlechtslos bis männlich agierend. *Herbert* kennt sich in der Welt der Frauen längst nicht mehr aus. Das starke weibliche Geschlecht macht ihn kaputt.

Wenn *Herbert* über den Platz schlendert, die Mannsfrauen sieht, wie sie in ihrer burschikosen Kleidung, in Sneakers, Bierdosen und die stärksten Zigaretten in Händen haltend, grölend und rülpsend dem dämmernden Tag entgegenwanken, durchzieht ihn ein sonderbares Gefühl, das Richtung Traurigkeit tendiert. *Herbert* ist die bessere Frau, zweifelsohne. Vielleicht überhaupt die einzige Frau, die noch über diesen Platz wandert.

Herbert ist enttäuscht. Und genau diese Enttäuschung hat ihn dazu veranlasst, hier auf diesem Tisch Platz zu nehmen. Wenige Momente trennen *Herbert* von seinem unausweichlichen Schritt in Richtung vollendete Frau.

Das Chirurgenteam ist bereit. Die Lichter gehen an. *Herbert* ist ruhig, gefasst und in freudiger Erwartung dessen, was kommt.

Licht aus!

Ja wo ist sie denn?

„*Gugugg.*" *Ilse* liegt nackt im Bett. Am Rücken. Mit angezogenen Beinen. *Gerhard*, zwischen ihren Schenkeln hockend, blickt fasziniert auf *Ilses* heiligstes Orakel. „*Ja wo ist sie denn? Gugugg!*"

„*Ich dachte, wir hätten eine Vereinbarung*", herrscht *Ilse* ihren persönlichen Fährtensucher an. Ohne auf eine Antwort zu warten, kommt *Ilse* aus ihrer Stellung hoch und setzt ein „*Arschloch*" nach. *Gerhard* verweilt noch einen Moment regungslos in seiner Pose, als wäre *Ilse* noch da. Seine Körperspannung lässt schlagartig nach. Er fällt in sich zusammen. *Ilse* geht ohne weiteren Kommentar zum Fenster der Wohnung, öffnet es, zündet sich eine Zigarette an und pafft ein, zwei Züge in die frische Luft. *Ilse* ist genervt. „*Ich dachte, wir hätten das geklärt?! Gerhard? Du hast gesagt, das kommt nie wieder vor.*" *Gerhard* bleibt stumm. „*Wie soll das funktionieren? Wie soll das mit uns beiden weitergehen?*"

Ilse und *Gerhard* sind seit 25 Jahren verheiratet. *Gerhards* eigenartige Wandlung machte sich erstmals vor 12 Monaten bemerkbar, als er eine Tierdoku über Hundedressuren sah. Seitdem hat sich im Leben des Ehe- und Liebespaares einiges geändert. *Gerhard* liebt es, auf allen vieren in der Wohnung zu verweilen und von *Ilse* gefüttert zu werden. Ein Leckerli dort, ein Leckerli da. Auch darf *Ilse* mit *Gerhard* an der Leine spazieren gehen. Das aber spätabends oder frühmorgens, bevor die städtische Reinigung unterwegs ist.

Als *Ilse* und *Gerhard* gemeinsam im Swingerclub waren, fand sie es noch recht witzig, dass *Gerhard* plötzlich losjaulte. Es gab auch nie eine Beschwerde seitens der Swingerclub-Hausverwaltung. Zwecks Lärmbelästigung oder so ... *Ilse* konnte alles mit *Gerhard* machen. Sie konnte ihn schlagen, ihn streicheln, ihn liebkosen, ihn gewaltsam züchtigen – er nahm ihr nichts davon übel. Ja er freute sich sogar ob ihrer Hinwendung. Anfangs fasste es *Ilse* als Scherz auf, ging scherzhalber darauf ein. Doch rasch merkte *Ilse*, dass es kein Scherz war. Spätestens als *Gerhard* zwischen *Ilses* Schenkeln zu hecheln begann und das von ihr so gehasste „*Gugugg*", gefolgt von allzu hastigem Zungeschlabbern, einsetzte, wusste *Ilse*, dass es nun endgültig an der Zeit war zu handeln. 25 Ehejahre sind eine lange Zeit, aber was zu viel ist, ist zu viel.

Ilse reichte die Scheidung ein, zog sie zurück, reichte erneut die Scheidung ein, zog sie wieder zurück, weil man ja an das Gute im Menschen glaubt. In einem Schriftsatz hatten die beiden Parteien sich darauf geeinigt, fortan jegliche Form des Hundedaseins zu unterlassen. *Gerhard* hatte es ihr fest versprochen. Bis heute. Bis zu *Gerhards* Rückfall. Jedenfalls jaulte *Gerhard* plötzlich munter drauflos, schlabberte an *Ilses* Orakel, hechelte zwischendurch, ehe er das linke Bein hob, um in hohem Bogen über das Ehebett zu urinieren.

[Pause]

Seitdem lebt *Ilse* geschieden, und *Gerhard* – ja *Gerhard* heult noch heute ...

Gesucht und gefunden

Irene redet mit *Herbert* in einem Tonfall, den wir landläufig von der Hundedressur kennen. Egal welche Bedeutung sich hinter einem Wort verbirgt, erst der Tonfall führt zu entsprechender Reaktion. *Irene* könnte mit *Herbert* suahelisch sprechen, es würde nichts an dessen Reaktionen ändern. Die beiden kennen sich.

„Herbert, fass!
Ja, wo ist er denn, der Herbert?
Herbert, such!
Das ist nix für Herbert."

Die Verbindung der beiden beruht auf einer Form der Symbiose. Wer wem was gibt und wer wofür was erhält, ist noch nicht so ganz klar. Sie haben sich eben erst kennengelernt. Alles ist neu.

Herbert ist Raucher. *Irene* nicht. Diese leichte Diskrepanz führt bereits zu, nennen wir es, Unstimmigkeiten. Mittlerweile erstklassig abgerichtet verlässt *Herbert* die gemeinsame Behausung, wenn er sein Tabakröhrchen konsumieren möchte. Es gibt keine gesonderten Befehle seitens *Irene*, außer dass sich *Herbert* nach dessen Rückkehr die Hände waschen und die Zähne putzen muss. Unaufgefordert wohlgemerkt. Nachdem *Herbert* starker Raucher ist, kann das am Tag bis zu 25-mal passieren. Dass der Wassersowie der Zahnpastaverbrauch exorbitant in die Höhe schnellten, muss nicht extra erwähnt werden.

Dass sich *Herbert* damit eine Putzmittelallergie und Zahnfleischblutungen bis hin zu vier Zahnausfällen einhandelte, ist insofern von Interesse, da *Herbert* mittlerweile ohne Vierer und Sechser rechts oben und ohne Dreier und Vierer links unten leben muss. Stoisch erträgt *Herbert* diese drakonischen Maßnahmen zur Wahrung des innerfamiliären Weltfriedens, gewandet in weiße Baumwollhandschuhe, die er seit seiner Putzmittelallergie dauerhaft tragen muss.

Herbert reagiert auf Zuruf. Seine Reaktion ist vom Tonfall abhängig. Da gibt es zum einen: „*Herbert!*" Ein Appell ohne weiteres Satzgefüge. Dieser schroffe verbale Vorstoß ist als klare Aufforderung zu verstehen, die soeben begonnene Handlung unverzüglich sein zu lassen. Faktisch ein Verbot. „*Böser Herbert*" legt wiederum eine maßlose Enttäuschung oder Verwunderung über *Herberts* Handlung nahe. Meist benutzt in Verbindung mit einem Seufzer oder einer Verdoppelung, etwa: „*Herbert, Herbert*" oder „*Herbert – tz, tz, tz ...*"

Herbert und *Irene* sind untrennbar. So etwas wie ein Glücksfall für beide Seiten. Es ist nicht daran zu rütteln. *Herbert* liebt *Irene*. Auch wenn oder gerade weil sie ihn schlägt.

Entwicklung

Was aus dir geworden ist?
Das Ergebnis unserer Begegnung.
Du siehst gut aus.

Du konntest nie tanzen,
du konntest nie kochen.

Was verdammt noch mal
habe ich mir bei dir gedacht?

Wenn ich das nur wüsste ...

Ausblicke

Keine Antwort auf dein Schweigen.
Außer Blicke, die uns nicht weiterhelfen.
Ich traue mir zu, dir zu sagen,
dass ich dich liebe.

Und das ist ernst gemeint.
Keiner dieser Rettungsanker,
die ausgeworfen werden,
um noch zu retten,

was längst nicht mehr zu retten ist.
Ich liebe das, was zwischen uns ist.
Was war und was immer sein wird.
Ohne danach zu suchen, es zu halten
oder dir zu imponieren.

Was zu sagen ist, kann auch im Schweigen
ausgedrückt werden.

Lass uns also schweigen.

Sie liebt mich nicht

Freude an dir

Wenn wir uns gemeinsam bewegen,
ist vieles einfacher,
obwohl ich weiß, dass ich
alleine durch diese Türe gehen muss.

Zu wissen, dass du da bist,
lässt mich fliegen,
und wenn ich dir zeigen kann,
wie schön die Welt ist,

beginne ich erst richtig zu strahlen.

Distanz

Die Schönheit ist
zum Greifen nah.
Im Weg steht einzig –
der Blick des Menschen.

Schieflage

Wir verausgaben uns im Sein
und tragen wenig zur Entstehung bei.
Fragen uns dann mit großem Getöse,
wie alles so kommen konnte.

Nichts zu machen

Wenn alles so bliebe, wie es war,
wäre schon viel getan ...
murmelt traurig vor sich hin
der eben gefällte Baum.

Istzustand

Ich bin nicht stolz auf das, was ist.
Vielmehr frage ich unentwegt,
was könnte sein?

Was wäre,
wenn wir uns lieber umarmen
als einzukaufen?

Was wäre,
wenn uns die Grille
auf der Wiese mehr interessiert
als blind von Straße zu Straße zu eilen?

Utopie im Gedankengang.
Keine Angst!

Sie müssen sich nicht bewegen.
Es bleibt alles beim Alten.
Oder vielleicht doch nicht?

Konsequent

„Ich liebe Sie." Verblüfft sieht die Finanzbeamtin *Herbert* an. Für den Hauch eines Augenblicks huscht etwas wie „Geschmeichelt-Sein" über ihr Gesicht, um Bruchteile von Sekunden später wieder ihrem wahren Beamtenface zu weichen. *„Sie wissen schon, warum ich hier bin? Ihre Finanzprüfung ist der Grund. Und überhaupt, Sie kennen mich doch gar nicht!"* Herbert schweigt.

So geht es *Herbert* und seinem unmittelbaren Umfeld Tag für Tag. *Herbert* liebt alles und jeden. Und statt damit hinter dem Berg zu halten, posaunt *Herbert* seine Liebe in die große, weite Welt hinaus. Zuletzt hat *Herbert* heute Vormittag der Postlerin seine Liebe gestanden. *„Jaja – ich weiß"*, soll sie ihm nur zugemurmelt haben, gleichzeitig einen Stapel Briefe überreichend, und flugs war sie auch schon wieder, ihre postgelbe Tragtasche auf einem trollyähnlichen Gefährt hinter sich nachziehend, verschwunden.

Liebesgeständnisse ergingen davor an die benachbarte Mieterin, 83-jährig, den jungen Verkäufer in der Bücherei, die Trafikantin, bei der *Herbert* täglich seine Tageszeitung holt, den italienischen Urlaubsgast, der *Herbert*, seine Freundin an der Hand haltend, nach einer Sehenswürdigkeit fragte, den Bürgermeister sowie an den Taxler, der *Herbert* zum Bahnhof brachte.

Herbert liebt die Welt und alle ihre Menschen.

„Ich liebe Sie", gesteht er dem durch eine Plexiglaswand getrennten Mitarbeiter am Ticketschalter der Österreichischen Bundesbahnen. *„Ich liebe Sie"* kommt durch den minderwertigen Lautsprecher auf der anderen Seite der Plexiglaswand an. Der Beamte drückt auf den Knopf, beendet die Sprechverbindung, tut so, als ob nichts gewesen wäre, schließt aber demonstrativ das ins Plexiglas eingelassene Türchen und verlässt den Schalter. Eine ältere Dame hat das Ereignis mitverfolgt. *Herbert* dreht sich zu ihr. *„Ich liebe Sie." „Junger Mann, ich fühle mich geschmeichelt, aber ich bin seit 40 Jahren glücklich verheiratet. Ich hätte allerdings eine Tochter …"*, schmunzelt die wortgewandte Frau belustigt. *Herbert* spürt den ironischen Unterton. Er fragt nicht weiter nach.

Was die Welt im Innersten zusammenhält, ist die Liebe, sinniert *Herbert* und beruft sich auf Schriften, die vor ihm auf dem Tisch liegen. *„Ich liebe dich."* *Herbert* befindet sich alleine im Zimmer. Seine Liebesbekundung gilt einer dunkelgrauen Lebensmittelmotte, derer es täglich mehr werden. *Herbert* nimmt es nicht so genau mit der Sauberkeit. Eigentlich schon, aber er hat für routinemäßige, unsinnige Arbeiten kein Verständnis. Und im Grunde liebt er auch die unsichtbaren Lebewesen und Organismen in seiner Wohnung. *Herbert* gilt mittlerweile in seinem Umfeld als etwas eigenartig. Nicht als gefährlich, aber als sonderbar. *Herbert* liebt nämlich nicht nur sich selbst. Er liebt Gräser, Blumen, Bienen und alle Menschen. Und zugegeben, es wird *Herbert* nicht leicht gemacht. Manchmal wird er nahegehend geprüft. Seine Liebe wird auf eine harte Probe gestellt.

Neulich wurde ihm an der Straßenecke Rauschgift angeboten. *„Hey Mann, guter Shit. Feines Zeug! Hasch, Marihuana, Koks?"* „Ich liebe dich." *„Alter, bist du high? Du brauchst keinen Stoff mehr"* – sagt es, dreht am Stand um und geht. *Herbert* ist ein Glückskind. An einem Sonntag geboren, willig und fähig zu lieben.

Es ist kaum zu glauben, doch *Herbert* hat sich selbst geheilt. Er hat jahrelang sein Krebsgeschwür geliebt, seine schwarzen Lungenflügel, die voll mit Teer waren, und seine Unfähigkeit, vom Rauchen abzulassen. *Herbert* liebt seine eingewachsenen Zehennägel, seine krumme Nase und seine Zerstreutheit.

Spannenderweise wird *Herbert* mit zunehmendem Alter auch von seiner Umgebung geliebt. Wahrscheinlich, weil er als ungefährlich eingestuft wird. Ähnlich kleinen Kindern. Niemand fürchtet sich vor ihnen. Sie, wie *Herbert* auch, haben einen Sonderstatus.

„Ich liebe dich" hat *Herbert* Prostituierten, Zeugen Jehovas, Einbrechern, Sandlern, Heimatlosen, Ausländern, Inländern, Bankern, Musikkapellen, geführten Kindergartengruppen, Politikern und Feministinnen zugerufen.

Herbert ist über dem Berg. *Herbert* steht über den Dingen. *Herbert* hat seine Lektion gelernt. Der Rest wird folgen ...

Herbert ist zu Fleisch gewordene Liebe!

Trümmerhaufen

Teile von zerborstenen Fensterscheiben, die auf Menschenkörpern liegen. Schreie, Jammern, Winseln. Sich in den Armen liegende Menschen, die sich nicht kennen. *„Wir müssen ...",* kommt aus dem Radio. Solidaritätsbekundungen mit Kreide auf den Asphalt gezeichnet und geschrieben.

Solidaritäsbekundungen. Wem gegenüber? Der Geldgier, der Korruption, der Ausgrenzung, dem Fremdenhass oder der Ausbeutung gegenüber? Die Sicherheitsfirma bietet ihre neuesten Produkte an. Gesetze werden geändert. Polizei marschiert auf. Man hat sich versammelt, weltweit. Auf den bedeutenden Plätzen dieser Erde.

Sie wird hinausgezerrt und öffentlich gedemütigt. Sie wird getreten, von Menschen unterschiedlicher Hautfarbe und Herkunft. Sie wird bespuckt, geschlagen und verunglimpft. Allseits macht man sich über sie lustig. Es wird an ihr gezerrt. Sie wird missbraucht. Täglich geschändet durch einseitige Werbebotschaften. *I'm lovin it.* Sie wird benutzt wie eine Prostituierte. Auch so behandelt. Sie wird delogiert. Des Hauses verwiesen. Sie wird einem Redesign unterzogen, kommerziell ausgeschlachtet und heute Morgen in die Luft gesprengt. Von Menschen, die sie nicht einmal persönlich kannten. Die während ihres erbärmlichen Lebens nicht ein einziges Mal auf sie gestoßen sind. Die blind Glaubenssätzen folgen und als erklärtes Ziel am liebsten lebloses Fleisch hinterlassen, das sie ebenfalls nicht kannten.

Darf ich dich streicheln? Liebevoll. Du in Sprengstoff gehüllte im Geiste verwirrte Selbstmordattentäterin? Du liebloses Wesen, das den falschen Weg eingeschlagen hat. Konsequenzlos nehme ich dich in den Arm. Du bist verwundert, spüre ich. Der Versuch, dir nichts anmerken zu lassen, schlägt fehl. Dein schwarzes Haar ist so natürlich, stark gewachsen. Du bist ein schöner Mensch, Selbstmordattentäterin, deren Name belanglos ist. Ich flüstere dir ins Ohr, dass ich traurig bin und dass deine Tat keine Zukunft hat. Und ich spüre, wie das Eis zwischen uns beiden zu schmelzen beginnt. Ich küsse dich und stelle fest, dass deine Lippen hart und unbeweglich sind. Die Verkrampfung sich aber langsam löst. Dein Mund sich öffnet. Zeichen des Erinnerns. Wie gut das tut.

Du bist gerührt, Selbstmordattentäterin, doch nicht geläutert. Deine stumpfsinnigen Gedanken sind durch nichts zu rechtfertigen. Der Druck, der auf dir lastet, das Gewicht, das du zu tragen hast, ist mehr als das deines Sprengstoffgürtels. Lege ihn ab meine hübsche Selbstmordattentäterin, lege ihn ab.

Wenn ich in deine Augen sehe, sehe ich Fanatismus, Blendung und fehlgeleitete Energie. Dann umarme ich dich noch fester und drücke dich ganz an mich.

Sie ist unzerstörbar, die Liebe. Hat dir das niemand gesagt? Sie ist das, was unsere innerste Welt zusammenhält. Hat dir das niemand gesagt, Selbstmordattentäterin? Und wenn es eine Zukunft für uns Menschen geben soll, dann ist sie ihr geschuldet.

Mein Vermächtnis ist, dich zu lieben – armselige Kreatur ...

In Gedenken der Bombenanschläge von Brüssel am Dienstag, dem 22. März 2016, und des unsäglichen Leids der Betroffenen und Hinterbliebenen.

Fragestunde

Wozu Trauer,
wenn es doch die Liebe gibt?
Um sich zu spüren
in einer Welt der Fraglosigkeit?

Der Hass ist nicht der
Gegenspieler der Liebe.
Die Trauer kann es mit
der Liebe aufnehmen.

Warum fragst du?
Weil du unsicher bist.
In einem Minenfeld
der Liebesschwüre.

Der Kriegszustand hält an.
Liebe als Waffe ist allgegenwärtig.
Detoniert täglich in den Körpern
dieser Welt.

Der Schaden hält sich in Grenzen
und ist gleichzeitig unbezifferbar.

Blindflug

Zu lieben
ist Glück in seiner vollendetsten Form.

Dazwischen
Schmerz, Hoffnung, Trauer, Hochgefühl.

Ich tappe im Dunkeln
bei dir.
Ich bewege mich rasant,
obwohl ich in dir ruhe.
Dein Verständnis
geht weit über das Bewusste hinaus.
Wie kann ich dir gerecht werden?
Jemals und für alle Zeit.
Erlegen.

Die Zeit
verkehrt die Zweifel
in Hoffnungen.
Wenn ich bei dir bin,
erfüllen sie sich.
Wenn du weit fort bist,
verkehren sich die Hoffnungen
in Zweifel.
Ausgeräumt von dir,
wenn wir uns wiedersehen.

Er liebt mich nicht

Wortlos

Du sagtest nichts,
um den Mantel der Glückseligkeit
um uns zu schließen.

Ab heute meide ich Kälte.

Verwechslung

Verwechsle nicht Glück
mit Spaß und Lustigkeit.
Verwechsle nicht Liebe
mit geschlossenen Räumen und Enge.
Tritt vor die Tür,
tritt vor dich hin
und staune.

Banalität

Findest du nicht,
dass du es dir sehr einfach machst?

Du sagst,
du liebst mich.

Und ich frage mich,
wie es so weit kommen konnte.

Schweigen

Vieles hat sich geändert,
dein Schweigen ist geblieben.
Die Zeichen haben sich geändert.
Am Anfang: Schweigen vor Staunen.
Zur Halbzeit: Schweigen aus Höflichkeit.
Am Ende: Schweigen aus Verachtung.

Hoffnungslos

Manche glauben daran, manche haben ihren Glauben an sie verloren. Manche sind hoffnungslos überfordert. Manche agieren lechzend nach ihr. Manchen entzieht sie sich stillschweigend oder lautstark. Manche sind auf der Suche nach ihr. Andere wissen nicht, wie sie sich anfühlt.

Sie alle eint der unbändige Wunsch, sie zu erfahren, sie zu erleben. Sie zu konservieren und nach Belieben hervorzuholen und zu gebrauchen, wie man ein Stück Seife braucht. Sie wird nie weniger. Sie ist da. Allgegenwärtig, alles umfassend in reinster Form, wohltuend, herzzerreißend, variabel, zu Tode betrübt, himmelhoch jauchzend, stillschweigend schreiend, verzeihend umbarmherzig, kraftlos unbändig, kostenlos unbezahlbar und unerschöpflich.

Sie zu empfangen und zu geben ist mitunter die schwierigste Aufgabe, die größte Herausforderung, das unerreichbarste Ziel einer permanent scheiternden Menschheit. Machen wir uns auf den Weg!

Alles andere als Liebe

Wenn ich ihr zusehe, bin ich überrascht. So funktioniert Liebe nicht. Ihre Hand hält die seine, als würde sie ihn erdrücken. Kein liebliches Berühren und Geplänkel der Finger, die wie zwei Schmetterlinge auf einer Frühlingswiese miteinander tanzen. Eher wie zwei Gottesanbeterinnen, aneinandergekettet, bis sie sich gegenseitig auffressen. Aus Mangel an Alternativen. Gottesanbeterinnen sind, in ihrer Einzelheit betrachtet, paradiesische Kreaturen.

Die Finger zerren, sperren, ziehen und umklammern die Finger der anderen Hand. So wird Bewegung unmöglich gemacht. Und jedes Bestreben, sich aus dem Würgegriff zu befreien, führt zu einer noch festeren Umklammerung. Bis das Blut nicht mehr zirkuliert. Stillstand auf der einen Seite, enormer Kraftaufwand auf der anderen. Fatales Ungleichgewicht.

Zwei andere Hände, die sich finden. Die neugierig ihren Tastsinn auf die Probe stellen. Wohltuend. Kindlich naiv. Kräftig. Doch niemals mit Gewalt. Wenn sie sich berühren, betreten sie Neuland. Wandeln sie auf den Spuren der großen Entdecker. Werden sie zum Kind. Verändern sich die Energien, sind sie ratlos und haben nicht den Ansatz einer Erklärung. Wissen sie nicht, was mit ihnen geschieht. Vergessen sie alle Konventionen. Ist ihnen der Lottoschein plötzlich unwichtig. Und was die anderen dazu sagen. Machen sie sich zum Narren, Idioten, Einfaltspinsel und Wehrlosen.

Sie nehmen alles in Kauf. Das Visier nach oben geklappt, die Rüstung abgelegt. Verwundbar schreiten
sie aufeinander zu.

Wer braucht jetzt eine Erklärung? Wer benötigt
denn jetzt den Verstand oder vielleicht Vernunft? Wer
denkt jetzt an Konsequenzen? Doch nur Scharlatane,
die sich in diesen Momenten äußern. Sich rechtfertigen
oder erklären. Berührung um der Berührung willen,
nichts anderes.

Das Gras wächst auch ohne Anleitung. Vermale-
deit sind die Sinnsuchenden, während sich die Hände
kommentarlos berühren. Ich will keine Erklärung
dafür! Sei still, sonst werde ich ungehalten! Das
könnte damit enden, dass ich deine Hand für immer
loslasse.

Miteinander

Sie tun sich täglich aufs Neue weh. Routine. Was nicht angelegt ist, kann nicht gelebt werden. Wer die Symphonien der Liebe nicht hört, kann sie weder spielen noch sich daran erfreuen. Außenstehende würden die Hände zusammenschlagen. Doch sie bekommen es nicht mit. Der Rasen ist immer schön getrimmt, das Auto in der Garage und ihr Lächeln professionell aufgesetzt. Der gemeinsame Hund vermittelt Familienidylle. Es hat den Anschein, als müsse man sich um die beiden keine Sorgen machen. Wurden sie dazu getrennt voneinander befragt? Wohl kaum. Werden überhaupt Fragen gestellt? Eher nicht. So weitermachen wie bisher, lautet die Durchhalteparole. Vergessen wir das Erscheinungsbild nicht.

Er trinkt, sie setzt die Pille ab. Vorsorglich. Die Schwiegereltern zeigen sich erfreut und zufrieden. Zeit, den Kindern ihren Besitz zu vererben. Zu Tränen gerührt die Schwiegereltern und sie. Wenn auch aus unterschiedlichen Gründen. Unzählige Beteuerungen von ihm, wenn er wieder nüchtern ist. Dass er sie trotz alledem liebt und im Grunde keine Ahnung hat, wie er ihr das noch beweisen soll. Außer durch zunehmenden Alkoholkonsum. Wenn sich sein unförmiger Körper schwankend über ihren Leib wuchtet, er sich nach mehreren Fehlversuchen in sie verirrt und sein Sperma in ihren Körper pumpt, lebt in ihr kurz die Hoffnung auf eine verlagerte Liebe und dass es mit einem ersehnten Kind besser werden würde, als es jetzt

Er liebt mich nicht

momentan eben ist. Sie wünscht sich ein Kind von ihm. Noch immer. Tendenz zumindest hinterfragend. Geschuldet ihren bisherigen spärlichen Erfahrungen, die wenig positiv waren. Ist das vorliegende Ergebnis das Maß aller Dinge? Diese Frage stellt sie sich nur, wenn sie Kraft in sich spürt. Ihr Körper antwortet bereits. Migräne. Schwindel. Entzündungen. Unterleibsschmerzen, die sie gelegentlich ignoriert.

Auf Fragen, wie es ihr geht, antwortet sie sinngemäß: gut bis sehr gut. Sie könne sich nicht beklagen.

Sie suchen das Dekor ihrer gemeinsamen Küche aus. Ein trostloses Bild geben sie dabei ab. Aufmerksame Beobachter würden sie rasch enttarnen. Doch wer interessiert sich schon für die beiden. Gemeinsames Haus, gemeinsame Küche, gemeinsames Küchendekor. Sie glaubt noch immer an eine gemeinsame Zukunft. Er macht sich darüber keine Gedanken. Anfangs versuchte sie, es zur Sprache zu bringen. An Tagen, an denen er nicht besoffen war. Mittlerweile schweigt sie. Stellt sich schlafend, wenn er zu ihr ins Bett steigt, sich Befriedigung erhofft. Nicht immer geht das gut aus. Gelegentlich steigt sie aus ihrem Körper aus. Spielt einen Orgasmus vor oder befriedigt ihn mit dem Mund, um ihre Ruhe zu haben. Zu denken gibt ihr, dass sie ihn mittlerweile nicht einmal mehr riechen kann, geschweige sein Sperma.

Sie wird immer zu ihm halten. Auch wenn er sich umbringen will. Zumindest etwas in der Richtung andeutet, weil er sie und ihren stummen Widerstand spürt. Sie sieht keinen Anlass, sich zu trennen. Den Urlaub können sie nicht miteinander verbringen. Ein Ding der Unmöglichkeit. Nicht einmal die gemeinsame Fahrt würde sie überstehen. Daher versucht man es erst gar nicht. Sie mit Freundinnen, er mit Freunden. Vielleicht wird es mal besser.

Fürs Erste einigen sie sich darauf, sich nicht trennen zu wollen. Alles Weitere steht in den Sternen. Bis Klarheit vorliegt, fließt weiterhin viel Sperma ihren Vagina-Kanal entlang, erhöht er in seiner Ratlosigkeit weiter seinen Alkoholkonsum, sucht sie weiterhin Gelegenheiten, ihm aus dem Weg zu gehen, achten beide mehr oder weniger gekonnt darauf, nicht durchzudrehen und die Familien des jeweils anderen nicht auszulöschen. Ein taktvolles Miteinander verspricht Hoffnung.

Lebenslang

Alle Versuche
lieben zu lernen
schlugen fehl.
Worauf sie fortan
auf das Lernen
verzichtete
und einfach liebte.

Irritation

Der Einbruch in ihre Seele gefiel ihr gar nicht. Kommt einfach so daher, entwaffnet sie mit seinem Lächeln, seiner Unkompliziertheit, seiner Unaufdringlichkeit und erwartet von ihr, dass sie darüber hinwegsieht. Infam. Und dann beschert er ihr auch noch diesen unvergleichlichen Höhepunkt. Ja verdammt noch mal – was erlaubt der sich?

Ein Lächeln – und sie hat alle Vorwürfe vergessen.

Paarlauf

Aus dieser Berührung, wenn unsere Finger sich kennenlernen, kommen wir nie wieder heraus. Auch wenn du mir offiziell ein schönes Leben wünschst. du setzt darauf, das alles irgendwann zu vergessen. Ich wünsche dir, dass es nie dazu kommt. Es gibt für alles den richtigen Moment, sagst du. Das Leben ist ein immerwährender Moment, sage ich. Das Wort „richtig" nehme ich nicht in den Mund. Du benutzt es als Schutzschild. Um nicht zu sehr verletzt zu werden.

In der Zeitung stand zu lesen: *Im Liebestaumel zu Tode verletzt.* Zurück an den Start – und untersteh dich, jemals damit aufzuhören!

Aus Liebe zu Portugal ... und

Disharmonie als Rache
am schulmäßigen Leierlesen.

Liebe

Als Gedankenkonstrukt
taugt sie ebenso wenig
wie die Vorteile des menschlichen
Bewusstseins.

Demontage

Die zweifelhaften Schälungen,
Fremdeingriffe an meinem
Körper nehmen kein Ende.

Jede neue Begegnung
schält meine Rinde
von meinem Stamm.

Wie lange mein Körper
das wohl noch aushält?

Haltung

Mein Lebenskorsett
ist zu eng geworden.
Daran ändert auch der Weitblick nichts.

Das Verwerfliche an einer Idee
ist der Umstand, sie nicht mehr aus
dem Kopf zu bekommen.

Und ist sie in dieser organischen Hülle,
verlassen wir unser Selbst,
unser Sein und unser menschliches Wesen

zum Wohle der Idee ...
Zum Wohle?
Wohl kaum.

Aussteigerin

Aida, ein verlassenes Trotzköpfchen, das rebelliert. Sensibel, gescheitert und hoffnungslos sehnsüchtig nach Liebe. Menschlicher Liebe. Es scheitert nicht an Eigenliebe oder Liebe zu Tieren. Worin besteht ihre Rebellion? In ihrer Ansicht, die vermeintliche Freiheit konsequenzlos leben zu dürfen. Saufen, kiffen, vögeln. Und dann? Sich für die Natur auszusprechen und gegen den Kapitalismus. Und dann? Plastikflaschen und unnütze Verpackungen zu vermeiden. Und dann? Achselhaare und Schambehaarung demonstrativ wachsen lassen. Und dann? Sie kann nicht mit ihm, aber auch nicht ohne ihn. Den Kapitalismus. Es zog sie in die Pampa, irgendwo in Portugal. Wenn ihr fad wurde, beschwor sie sich selbst im Fado, dem Leidgesang der Portugiesen. Ihr Vermächtnis ist ein großes, und allzu gerne würde sie ihre überbordende, überquellende Liebe einem Mann schenken. Weit und breit kein Mann zu sehen. Die Rauheit und Unverwechselbarkeit Portugals spiegelt sich in ihrem Wesen wider. Rau und unverwechselbar.

Ihr Ansinnen – es fällt ihr schwer, es anzuerkennen – ist Anerkennung. Mein Gott, es ist so einfach. Stell ihr einen *Adam* hin, der sie trägt, eine Bastion in der Welt, einen Fels in der Brandung, und *Aida* ist Feuer und Flamme. Bisher hat sie ohne ihn brennen müssen. Wenn Männer ihre Körperteile in sie gesteckt haben, war jedes Mal die Hoffnung in ihr, der Traum, er möge sich erfüllen.

Sie liebt mich nicht

Aida tanzt zwischen Eukalyptusbäumen und alten, mehrfach geschälten Korkeichen. Sie faselt von transformierter Liebe. Ein Selbstbetrug. Ein Ausblenden, Unterdrücken des Erwünschten, doch nie nach ihren Wünschen Eingetretenen. Auf Distanz zu gehen ist eine zulässige Methode. Von Transformation keine Rede. Die Liebe fehlt ihr. Die Erfahrungen bleiben ihr.

Wenn es kühler wird, heizt sie in den unisolierten Räumlichkeiten ein. Das Feuer flackert, und doch ist es nicht in der Lage, ihr Herz zu erwärmen. So bleibt es kalt in *Aida* – bis zum nächsten Frühling.

Vermächtnis

Gedankengut. Verschriftlicht.
Jede Mahnung wird ignoriert.
Jede Warnung wird in den Wind geschlagen.
Die wirklich Liebenden leiden.
Alle anderen sind wandelnde Tote.

Selbstbestimmtheit

Zu tun, was von jedem verlangt wird,
ist eine Unart,
derer sich die breite Masse nicht
entziehen will.
Mit dem Resultat
habt ihr da draußen gefälligst
fertigzuwerden.

Transparenz

Gefälligkeit ist farblos.
Ein Paradiesvogel wird
wohl nie aus ihr.

Wimpernschlag

Wenn sie dasitzt mit ihren zerrissenen Socken, ihren luftgetrockneten Haaren und eine Tasse schwarzen Kaffee in ihrer unmanikürten Hand hält, weiß ich, dass ich sie liebe und die Negation der vorhin aufgeführten Seinszustände nichts daran ändern wird ...

Bedrängnis

Auch Zwang gehört zum Sein.
Das vermaledeite TUN-MÜSSEN
hängt mir zum Hals heraus.
Ich muss jetzt aufhören.

Die wahre Liebe

Der Stockfisch konnte nicht ahnen,
dass er mal so enden würde.
Hättest du das vorher gewusst,
hätten wir uns gleich nie getroffen
oder spätestens nach der ersten
Begegnung keine weitere
folgen lassen.

Irgendwann?
Eine Ausrede für jetzt.

Die Unbekannte am Strand

Immer wenn es dunkel wird, tritt sie ungefragt ein und legt sich zu ihm ins Bett. Und bevor der Morgen anbricht, verlässt sie es gleichermaßen still. Er hat noch nie ihr Gesicht gesehen. Ein tägliches Ritual. Vor 13 Tagen hat es begonnen. Er nimmt, was unabänderlich seit Kurzem sein Leben bestimmt. Es fällt ihm schwer, das Jetzige zuzuordnen. Unzählige Male ist er im Geiste sein Verhalten durchgegangen. Seine Wege, die er zurückgelegt hat. Seine Plätze, die er an jenem Frühlingstag aufgesucht hat. Darin kein Hinweis auf sie zu finden. Er weiß, wie sie riecht. Er weiß, wie sie sich anfühlt. Im Grunde reicht ihm, was er weiß. Wenn er den zaghaften Versuch zu sprechen unternimmt, hört er entweder die zähe Stille oder ein „*Pscht*". Das Pscht ist ihm lieber, denn aus ihrer Stimme lassen sich erste Rückschlüsse auf ihr Wesen ableiten. Sie hat ihn hineingezogen in etwas, das er bisher nicht gekannt hat. Etwas Wunderschönes, das er nicht benennen kann, nicht benennen will. Gerade fällt ihm der Vergleich mit Wellen ein. Sie ist seine persönliche Lebenswelle. Immer wiederkehrend. Nie gleich. Von unterschiedlicher Intensität. Anfangs dachte er, jemand erlaube sich mit ihm einen Scherz. Aus dem Geplänkel, der neuen Erfahrung wurde innerhalb weniger Tage etwas Ernsthaftes. Dabei verabscheute er Ernsthaftes. Aber was hier zwischen den beiden passierte, war eine Form der Ernsthaftigkeit wie jene von Kindern, die in ihrem Spiel die höchste Form der Ernsthaftigkeit erreichen und doch offensichtlich spielen.

Sie spielte mit ihm und er mit ihr. *Sei doch vernünftig,* klopfte hin und wieder sein Gewissen wie ein mürrischer Beamter an sein Bewusstsein. Es legte ihm fein säuberlich wie ein Advokat Gründe dar, warum diese eigenartigen Vorfälle nur einem Ziel dienen konnten, der persönlichen Vernichtung. Es half alles nichts. Er zeigte sich unbeirrbar.

Er verschloss weiterhin sein Haus nicht, und sie legte sich Tag für Tag an seine Schulter. Manches Mal berührten sich ihre Hände. Ein anderes Mal lagen die Körper nebeneinander. Berührungslos, dem Atmen lauschend. Wieder ein anderes Mal sich wild begreifend und austauschend, küssend ineinander versinkend bis zur völligen Auflösung. Was auch passierte, das Ereignis selbst war unbestritten.

Er wusste nichts von ihr – und gleichzeitig alles. Alles, was er wissen musste, um sagen zu können, dass etwas Unvergleichliches zwischen ihnen lag. Das Wort Liebe hatte er bis zu jenem Tag nicht in den Mund genommen. Sich abfällig und belustigend dazu geäußert. Liebe war für ihn etwas Abstraktes, Außerirdisches. Und so war sie wohl auch, diese Verbindung zwischen den beiden. Außerirdisch, abstrakt, einzigartig. Erstmals dachte er über die Bedeutung von Liebe nach. Das ängstigte ihn. Alles nur Gedanken, beruhigte er sich selbst.

Die Gedanken an das Unvergleichliche zwischen ihnen verstärkten sich. Was in ihr vorging, konnte er selbst bei heftigsten Bemühungen und intensivstem Einfühlungsvermögen nicht nachvollziehen. Viel zu undurchsichtig war sie. Auch das hatte sie mit dem Meer gemein.

An diesem Abend lag sie nicht neben ihm. Sie lag nie wieder neben ihm. Anfangs suchte er Gründe dafür. Ein Stein brachte den nächsten ins Rollen – aber schlussendlich brachte nichts von seinen Gedanken das erhoffte Ergebnis. Nämlich Klarheit über die Vorkommnisse zu erlangen. Sie kehrte nie wieder zurück. Versuche, sie zu erreichen, schlugen fehl.

Die Liebe war verschwunden, geblieben ist – das Rauschen des Meeres und seiner Wellen.

Er liebt mich nicht

Auflösung 1

Sie fühlte sich in seinen Armen einfach wohl. Sie pfiff auf alle Konventionen, vergaß den Umstand, verheiratet zu sein und zwei Kinder in dieser Ehe versorgen zu müssen. Den Großteil ihrer Tagesroutine war sie alleine. Unabhängig davon, ob sich jemand in ihrer Nähe aufhielt oder nicht. Es ist möglich, mitten unter Menschen alleine zu sein. Um nicht zu sagen, ein Zeichen unserer Zeit, mitten unter Menschen alleine zu sein. Von Schuld wollen wir an dieser Stelle nicht sprechen. Sie trifft keine Schuld, ihn auch nicht. Wie überhaupt die Schuldfrage keine Zukunft hat. Nirgendwohin führt. Wer nach Schuldigen fragt, hat vom Leben keine Ahnung.

Genau genommen lebte sie überhaupt nur für den Abend und die Nacht. Das Wissen um die Begegnung mit ihm hielt sie am Leben. Ihn müsste es auf Krankenschein geben. Hochoffiziell. Damit könnte sie ganz gut. So passiert das Unvermeidliche eben im Verborgenen. Wobei – im Verborgenen ist nicht ganz korrekt. Ein Arrangement lässt die abendlichen Besuche möglich werden. Sie bekommt ihren Freiraum, er ihre Gunst, auch weiterhin. Eine Trennung ist nicht notwendig. Zu zweit schmeckt jede Schokolade doppelt so gut.

Worte zerstören so viel, dachte sie sich während ihres Strandspaziergangs. Sie sahen sich täglich. Seine Zärtlichkeit, seine Berührung, sein Mit-ihr-Sein machte ihr gemeinsames Leben aus. Wer braucht da Worte.

Sie liebt mich

Es gab Momente, in denen sie schwach wurde, die Mystik des Schweigens aufzuheben bereit war. Glücklicherweise war er genau in jenen Momenten konstant. Er war ihr Leben. Für wenige nächtliche Stunden lebte sie.

Täglich fuhr sie mit ihrem Fahrrad die Strecke zu ihm. Das Meer, die Klippen entlang. Das Sommerkleid unterstrich ihre Weiblichkeit. Manches Mal blies der strenge Wind unter ihr Kleid, spielte mit ihr. Löste ein Frösteln auf ihrer Haut aus. Heute war sie besonders empfänglich für den Wind, die frische Brise und abwechselnd die Sonnenstrahlen auf ihrer Haut. Irgendwoher trug der Wind einen Hauch von Orangen, der sie erreichte.

Sie näherte sich den Klippen, bedankte sich ein letztes Mal für das Leben, ihr Lieben, blickte zum Horizont, sah den Möwen bei ihren thermischen Höchstleistungen zu und verabschiedete sich von dieser Welt.

Auflösung 2

Sie fühlte sich in seinen Armen einfach wohl, doch liebte sie ihren Mann nicht minder. Sie war zu feig, sich einzugestehen, dass sie mehrere Männer lieben durfte. Nicht dass sie es darauf anläge. Es war einfach so passiert. Sie dachte nicht länger darüber nach. Doch quälte sie der Umstand, es ihrem Mann nicht sagen zu können. Zu groß war die Angst vor seiner Reaktion. Schweigen. Mit Schweigen hält sie ihn auf Distanz. Eine Distanz wie eine Mauer, die zusehends bröckelt. Sie selbst möchte diese Mauer nicht mehr aufrechterhalten. Das Verständnis, das er ihrem Verhalten entgegenbrachte, machte es ihr zunehmend schwerer.

Zwei Männer zu lieben kam ihr bisher nicht in den Sinn. Zwei Männer, viele Möglichkeiten. Sie war überfordert. Er war so anders, und trotzdem liebte sie ihn. Das brachte sie durcheinander. Es zeigte ihr aber auch, dass Liebe strukturlos ist. Lautlos, geräuschlos, schmerzhaft. Sie entschloss sich kurzerhand, ihrem Mann von dem anderen zu erzählen. Sie empfing ihn spätnachmittags und brachte ihr Thema betreffend kein Wort heraus. Stattdessen redete sie mit ihrem Mann belangloses Zeug. Zwischenzeitlich kam ihr der Gedanke, so viel Unnatürlichkeit müsse sie verraten. Sie war auf der Hut. Ihr Mann erfreute sich an dem angeregten Gespräch und ihrer guten Laune.

Sie sah den anderen nie wieder. Sie dachte noch öfters darüber nach, wie es wohl gekommen wäre, hätte

Er liebt mich

sie sich dem Thema gestellt. Die Gedanken verblassten mit der Zeit. Sie setzt noch heute auf Zeit. *Die Zeit,* so stellte sie fest, *ist meine Verbündete.* Summte ein Lied und ging in den heimischen Garten, um Unkraut zu jäten ...

Er liebt mich nicht

Auflösung 3

Sie fühlte sich in seinen Armen einfach wohl, doch wurde ihr rasch langweilig. Sie spielte mit ihm. Sie konnte in ihm lesen wie in einem offenen Buch. Die ersten Zeilen der Geschichte – und sie kannte den Schluss. Jede Gefühlsregung, jeder Wesenszug. Sie war ihm immer einen Schritt voraus. An Worten war sie nicht interessiert. An einer Konversation mit ihm ebenso wenig. Die Sexualität war für sie neu. Diese Form der Sexualität. Eine Mischung aus animalischer Verbindung und behütendem Schutz, die ihr unsagbar guttat. Und jeden Abend kostete sie die Begegnung mehr aus. Sie saugte ihn aus. Sie höhlte ihn aus. Je mehr er ihr gab, desto mehr forderte sie. Das konnte auf Dauer nicht gut gehen. Er war bereit, alles zu geben. Sie wollte mehr. Dieses Mehr war geschuldet einem dauerhaften Scheitern und der unsinnigen Ansicht, es könne ihr keiner angemessene, wahre Liebe geben. Das Resultat war, dass sie ihre Vorstellungen in astronomische Höhen schraubte und diese allabendliche Begegnung dazu benutzte, um schlussendlich festzustellen, dass es die „wahre Liebe" nicht geben konnte.

Sprach's und entzog sich am 14. Tag einer erneuten Begegnung, um jedweder Fehleinschätzung der Lage Herr respektive Frau zu werden.

Sie liebt mich

Auflösung 4

Ihre persönliche Geschichte

Sie liebt mich nicht

Scheu wie ein Reh

Wenn wir uns darin erschöpfen
zu produzieren,
wird sie verhungern.

Wenn wir uns damit zufriedengeben
uns im Spiegel zu betrachten,
wird sie verschwinden.

Wenn wir sorglos Wort für Wort
aneinanderreihen,
wird LIEBE fehlen.

Er liebt mich

Nistplatz

Vergiss, was ich gesagt habe.
Ich sagte es, um dir nahe zu sein.
Was ich sagte, hat dich verletzt.
Doch schweigend geht die Welt zugrunde,
und unsere Liebe sucht sich einen
neuen Platz zum
Nisten.

In aller Klarheit

Die Alltäglichkeit hat mich wieder.
Dunkelgraue Wolken am Firmament.
Wenn ich dir nahe sein kann,
sind auch sie erträglich.

Was von dir kommt,
ist unerheblich.
Dass du es mit mir teilst,
bedeutsam.

In aller Deutlichkeit,
ob schweigend, lauthals oder zärtlich
darf, nein – muss ich dir sagen,
was uns verbindet, ist es Liebe?

Es ist Liebe ...

Gedankenexzerpte

... es lohnt sich nicht, sie zu erwähnen. Sie ist, in Relation gesehen, nicht vorhanden. Die Zeit, der stetig weichende Moment und fliegender Gedanke, lässt uns weiterrasen. Beschäftigt uns mit allerlei und nichts.

Ich erinnere daran, dass es dich gibt. Immer und überall. So groß, dass sie die Relationen sprengt und dabei aus den Nähten platzt vor Fülle, Rundheit, Farbenpracht, in ihrer Vielfalt uns entgegenlacht – die stärkste Kraft in diesem Land, sie gibt uns täglich ihre Hand.

Zugreifen, Leute! Unumwunden lindert sie täglich eure Wunden und heilt die Unfähigkeit zu lieben, wenn nötig auch mit Hieben.

... Portugal ade.

Funktionsapparatur

Nicht mehr bereit zu funktionieren.
Wenn die Kerze erlischt,
zündet eine neue an.
Vergebens suchen sie
nach Antworten in einer Gesellschaft,
die nicht mehr bereit ist,
Fragen zu stellen.
Die Kerze schafft das alleine nicht,
sie braucht das Feuer.

Sei Feuer!

Erwärme jene Menschen,
die auf dem Wege zur Arbeit
das Herzerwärmende abgelegt haben.
Ihr müsst da nicht mitmachen,
niemand kann euch zwingen.
Und wenn ihr singt
anstatt aufeinander einzuschlagen,
kommt es möglicherweise
zu Trittbrettfahrern,
die ihren ersten Ton
anstimmen.

In letzter Konsequenz

Jetzt erst recht
denkt er sich,
als alles um ihn herum
einstürzt.

Er setzt einen Fuß
vor den anderen,
ohne zu wissen,
was unter ihm ist.

Er ist dabei,
sich zu ergeben.
Sich nie die Frage zu stellen:
Warum habe ich das getan?

Die Stille wird freundlich,
die Ruhe seine Verbündete.
Zu dritt erobern sie die Welt.
Bevor es so weit ist,

schläft er zufrieden ein.

Er liebt mich nicht

Bittere Erkenntnis

Die Erkenntnis, dass ich noch nie so weit von mir entfernt war wie eben, hilft. So kann es nicht weitergehen. Was fehlt? Hm. Am ehesten das Herz. Dass ich das mal sagen würde. Und dir? Na gut siehst du auch nicht aus. Wenn wir beide so weitermachen, werden wir nicht weit kommen, ohne überhaupt zu wissen, wohin wir wollen. Irgendwas wollen wir immer. Wollenlos statt willenlos. Gibt es das überhaupt? Ich will jetzt schlafen. Nein, das ist nur eine Ausrede. Einfach abdrehen. Sich selbst. Doch so einfach ist das nicht. Dem Wollen einfach nachgehen.

Anerkennung. Seelenfrieden. Geliebt werden. Woher ich das weiß? Na sag mal. Sind wir nicht alle gleich? Schau dich doch mal an! Tue ich ja, gerade eben. Und was ich sehe, gefällt mir gar nicht. Alternder Mensch. Ein bisschen mehr Selbstliebe würde dir guttun. Was du alles geschaffen hast. Wird das jetzt eine Bestandsaufnahme? Verwerflich. Sich nur noch in der Vergangenheit aufzuhalten. Hat so etwas Zukunft? Wohl kaum. Jene, die immer von der Vergangenheit reden, gehen mir unsagbar auf den Geist. Ein zuverlässiger Hinweis, dass sie irgendwann stehen geblieben sind und ihr jämmerliches Dasein mit vergangenen Ereignissen rechtfertigen. Erbärmlich ist das, wenn sie zeit ihres Lebens ihrer Vergangenheit nachhängen und von ihren längst vergangenen Erfolgen erzählen. Nicht nebenbei, vereinzelt oder zufällig, sondern *ausschließlich*. Ich kenne Vergleichbares nicht. Ich weiß nicht einmal, was ich vorgestern getan habe. Es ist vorbei und un-wichtig. Was ich morgen unternehmen werde, ist zwar wichtiger, aber eigentlich auch unwichtig. Bringt mich zu der Frage, was wichtig ist.

Ich schaue dir in die Augen und sage dir, was wich-tig ist. Nicht der Kirchenbeitrag, nicht der digitale Fingerabdruck, der dir täglich mehrfach und in zuneh-mendem Maße abgenommen wird, nicht diese Form von leiblichem Wohl, die in den Supermarktketten und Online-Stores zu finden ist. Wichtig ist, dass du dafür geradestehst, was du tust. Wie du handelst. Du dir, mir und allen anderen in die Augen sehen kannst und es dir dabei nicht schwerfällt zu sagen, dass du nach höchst menschlichen, herzlichen und ethischen Grundsätzen gehandelt hast. Warum siehst du jetzt weg? Schau mich an, wenn ich mit dir rede. Feigling.

Lass es gut sein für heute, du siehst angestrengt aus. Morgen ist auch noch ein Tag. Übermorgen? Noch weit entfernt. Zu weit entfernt.

Sie liebt mich nicht

Selbst ist die Frau

Sie ist Selbstversorgerin. Seitdem sie verletzt wurde. Den Anspruch *aufzumachen* hat sie längst hinter sich gelassen. Verletzt werden kann nur, wer aufmacht. Wie eine Walze sind sie über sie hinweggerollt, immer und immer wieder. Sie fand kein probates Mittel, dem etwas entgegenzusetzen. Immer hat man sich im Guten getrennt. Was heißt *im Guten getrennt*? Etwa dass man noch miteinander redet? Wem es reicht.

Dieses Hinwegrollen haben die Walzen nicht einmal bemerkt. Es reicht, dass *sie* es wahrgenommen hat. Sie wurde plattgedrückt. Das Herz, das aus ihrem Körper trat und neben ihrem Körper zu liegen kam. Sie sah zu, wie ihr Herz neben sich ungleichmäßig schlug. Und wieder eine Walze. Hilft es, die ganze Sache schönzureden? Eine Erklärung dafür zu finden, warum es ohnehin gut ist, wie es ist? Nicht einmal daran glaubt sie mehr. So wurde sie zur Selbstversorgerin. Sie will nie mehr in ihrem Leben fremdgesteuert sein, dennoch kein Eremitendasein führen. Wofür sie sich entschieden hat? Dass diese Verletzungen ein Ende haben müssen. Als Selbstversorgerin gibt es keine Überraschungen. Was du dir selbst machst, musst du nicht zahlen. Bis hierhin und nicht weiter. Alles hat seine Grenzen. Anfangs hat sie diese Grenzen ignoriert. Ihre Walzen haben keine Namen. Jeder hat sie verändert. Auch manches Mal zum Guten, doch in ihren Augen muss das Negative überwogen haben, sonst wäre sie jetzt nicht Selbstversorgerin. Teilnahmslos geht vieles leichter. Es lässt sich auch teilnahmslos lächeln. Sie sitzt da, sieht unheimlich gut aus und lächelt. Sie lächelt von sich aus, gar nicht aufgesetzt. Dabei ist ihr gar nicht nach Lachen.

Selbstversorgerinnen leben einsam. Wie die Bergbäuerinnen auf irgendeiner Alm in Österreich. Oder wie Spitzenpolitikerinnen und Vorstandsvorsitzende. Alle Selbstversorgerinnen. Selbstversorgerin ist man nicht von Geburt an. Legen Sie ein Baby für eine Woche auf einen Gartentisch. Im Frühling, Sommer, Herbst oder Winter. Nichts da mit Selbstversorgen. Irgendwann haben sie es dann geschafft. Sich losgelöst, von der Abhängigkeit und den Versuch unternommen, zu schweben. Mit dem passenden Gegenüber. Er gibt Kraft, vervollständigt das an sich Vollständige. Gut, ist es eben *neu vollständig*. Natürlich wehrlos. Wie sonst soll etwas Neues entstehen? Walzen, gute Walzen, richtige Walzen können ungemein lautlos agieren. Sich umzubringen war für sie nie eine Option. Sie läuft nicht vor dem Leben davon.

Selbstversorgerin zu sein bedeutet in ihrem Verständnis, zu stehen und zu leben. Nicht davor zu fliehen, nicht davor in die Knie zu gehen. Das Leben ist wie ein Butterkeks – täglich bricht ein Zacken ab. Sie ist durcheinander. Diese ständige Neuorientierung. Dieses wiederholte Starkseinmüssen, wo sie doch lieber schwach wäre. Selbstversorgerin zu sein ist eine Notlösung, die ihr mangels fehlender Alternativen als die sinnvollste erscheint. Und so liegt sie abends nun mal

Er liebt mich nicht

alleine auf ihrer Designercouch, im Designernacht-
kästchen eine beachtliche Anzahl von Vibratoren un-
terschiedlichster Größe, Form, und lässt – wenn
überhaupt – nur noch Latex, Kunststoff, Glas, Holz
und andere tote Materialien an ihren Körper.

Selbstversorgerin zu sein ist Pflicht in einer Zeit
der personellen Eitelkeit, des Egomanentums. In einer
Zeit der vielen Worte, aber des fehlenden Gesprächs
und Inhalts. Ist nicht alles ein Kommunikationspro-
blem? Ja, kommen Sie jetzt wieder mit *Watzlawick*
– man kann nicht *nicht* kommunizieren? Scheiß drauf.
Selbstversorgerin zu sein wurde ihr aufgedrängt. Weil
diese verdammten Männer andere Ziele verfolgten,
die sie anfangs ohnehin schon verlauteten. Die aber
im Taumel der Gefühle ignoriert, als schwachsinnig,
nicht haltbar oder nicht ernst gemeint abgetan wurden. Sie ist nicht freiwillig Selbstversorgerin. Sie ist
gekränkt. Sie wurde gedemütigt. Bis ins tiefste Innere
verletzt. Und wenn jetzt wer käme, um ihr die Welt
neu zu erklären, um ihr in einer Spätsommernacht
den *Großen Wagen* zu zeigen, wäre sie dankbar. Nur
glaubt sie nicht mehr daran.

Kommen wir, wie in einem geschmacklosen Werbespot aus den 70er-Jahren, auf die Vorteile, *Selbstversorgerin* zu sein, zu sprechen. Ein klar kalkulierbarer
Schmerz ohne Fremdeinwirkung, wenn auch gepaart
mit einem dumpfen Bauchgefühl des Alleinseins und
des fehlenden Gegenübers. Der Werbespot wirbt für
mehr Selbstversorgerinnen in diesem Land. Alle haben

etwas davon, außer sie selbst. Wenn sie den Fernseher abgeschaltet hat, die Werbespots verklungen sind, fragt sie sich manches Mal: *„Wozu das alles? Selbstversorgerin zu sein ist mühsam.“* Das ist die Zeit, in der sie sich in Buchhandlungen begibt und nach Beziehungsratgebern Ausschau hält.

„Noch einmal das Ganze? Muss das wirklich sein?“ Ja, es muss sein. Sie weiß ganz genau, dass es sein muss. Sie nimmt all ihren Mut zusammen und spricht ihn an. Den, der so gut riecht, so gut aussieht und so intelligente Wortmeldungen in so kurzer Zeit von sich gibt. Der monogam veranlagt ist, sie als einzigartiger Liebhaber auf Händen trägt und ihr Hormonausschüttungen beschert, die sowohl bei der Gesundenuntersuchung als auch an ihrem Arbeitsplatz unvergleichbare Spuren der menschlichen Wandlung hinterlassen.

Selbstversorgerin?! – [Lächelt] war einmal.

Endzeit

Es ist vollbracht. *Warum hast du das nicht viel früher gemacht, du dummes Huhn?*, denkt sich *Nancy*. Sie weiß ganz genau, warum. Aus Angst. Angst vor den Folgen. Angst, nicht zu wissen, wie es weitergehen soll. Angst, so nicht weiterleben zu können. Und schließlich Angst, alleine zu bleiben. Auch jetzt hat sich die Angst noch nicht gänzlich verzogen, doch sie spürt Erleichterung. Der Gang entlang des Steinbodens, hinunter über die breite Steintreppe des Gerichtsgebäudes lässt sie aufatmen. Sie denkt nicht an die schönen Momente, dazu ist sie momentan viel zu aufgewühlt. Alles ist noch zu frisch. *„So viel umsonst. So viel Überflüssiges."* Was hätte sie nicht alles mit der Zeit anfangen können. *Nancy* fühlt sich alt. Verbraucht. Kurz ist sie sogar der Ansicht, Liebe sei eine Illusion. Ihre Verletzung wiegt schwer. Sie kann sich trotz intensivster Bemühung nicht daran erinnern, wann die Misere angefangen hat. Gab es überhaupt einen Punkt, ein Ereignis, das sie nachträglich betrachtet als Auslöser identifizieren könnte? *Nancy* ist traurig. Ein Gefühl der Unfähigkeit, Beziehung auf die Reihe zu bekommen, macht sich breit. Sie tröstet sich mit lapidaren Rechtfertigungen, etwa: *„Anderen geht es nicht besser"* oder *„Wer weiß, wofür es gut ist"* und *„Es musste wohl so kommen."*

Es liegt in der Natur des Menschen, für Unangenehmes oder Schmerzhaftes abstruse Erklärungen zu konstruieren. Im Grund weiß *Nancy*, dass keine ihrer Ausreden zutrifft. Eben Ausreden.

„Wie schön das Grün an diesem Baum und so unendlich viele Grüntöne." Komisch, das ist ihr noch nie aufgefallen. Ausgerechnet heute, am Tag ihrer Scheidung, sieht *Nancy* die Farbenvielfalt des Baumes. Ein kleiner Hoffnungsschimmer? Sie hätte so gerne jemanden zum Reden, aber ausgerechnet heute hat niemand Zeit, und bestimmte Personen möchte sie nicht fragen. Sie schämt sich. Darüber, dass es nicht geklappt hat mit *Gottfried*.

Sie möchte sich etwas Gutes tun. Immer wenn es Frauen nicht gut geht, setzen sie ein äußeres Zeichen der Veränderung. Zuerst die Haarfarbe, der Haarschnitt, ein Tattoo am Knöchel. Ein Schmetterling bei den Schüchternen, ein Arschgeweih bei den Sorglosen, ein Dämon über den gesamten Rücken bei den Kompromisslosen. So weit ist *Nancy* noch nicht. Kein Tattoo, keine neue Haarfarbe. *Nancy* fühlt sich leer, ausgelutscht und unverstanden. In solchen Momenten entstehen in der Kunst Meisterwerke, werden ganze Symphonien geschrieben, Erfindungen gemacht, werden Menschen zu Mördern. Bei *Nancy* nichts dergleichen. *Nancy* ist *Nancy*. Keine Erfinderin, keine bildende Künstlerin, keine Musikerin – einfach *Nancy*.

Gottfried spielt in dieser Geschichte keine Rolle. Warum? Weil es einerlei ist. Was hat er/sie falsch gemacht? Alles einerlei. Luftleerer Raum. *Nancy* befindet

Er liebt mich nicht

sich im Freien, dennoch fühlt sie sich, als hätte ihr ganzes Umfeld ihr die Luft zum Atmen genommen. Ihr Atem verlangsamt sich. Dafür werden die Atemzüge tiefer. Sie hat so viel Energie aufgewendet, viel zu viel. Jetzt ist die Luft draußen. Wie ein Fahrradschlauch ohne Luft fühlt sie sich. Zu nichts zu gebrauchen. Wenn sie nochmals anfangen könnte mit *Gottfried*, sie würde es wieder tun. Ach, das hat sie doch alles schon durchgekaut. Das bringt doch nichts. Eine Beziehung lebt sich eben nicht alleine und schon gar nicht ohne Zutun. Sie hat nicht schlecht abgeschnitten im ganzen rechtlichen Krimskrams. Auch keine Selbstverständlichkeit.

Heute soll Vollmond sein. Immer wenn Vollmond ist, hat *Nancy* ihr physisches Hoch. Gerade heute spürt sie herzlich wenig davon. Sie könnte jetzt glücklich sein, doch ist sie es nicht. Sie ist zu feinfühlig, als dass sie einfach nur triumphierte. Bei einer Scheidung gibt es keine Gewinner, so weit die positive Perspektive. Die negative lautet: Es gibt nur Verlierer. Warum ist es ihr nicht gelungen, das Ruder herumzureißen? Hat sie zu wenig für den Erhalt der Beziehung getan? Sie ist sich unsicher. *Nancy* hat, obwohl sie auf festem Untergrund steht, den Boden unter den Füßen verloren. Führt jemals ein Weg aus dieser Misere? Es ist Zeit, Vergangenes hinter sich zu lassen. *„Klingt wie aus einem Lehrbuch Esoterik-Selbsthilfegruppe, erster Band“*, murmelt *Nancy* vor sich hin. Wenn Menschen getrennte Wege gehen, gibt es logischerweise neue Richtungen.

[Frage an das Publikum]

Welche Richtung soll *Nancy* einschlagen? Drei Varianten stehen zur Auswahl. Die vierte schreiben Sie am besten selbst.

Variante 1

Sie läuft zurück, wird beim Überqueren der Straße beinahe von einem Auto gerammt, entkommt um Haaresbreite diesem Auto, läuft die Steinstiegen des Gerichtsgebäudes hoch, den Steingang entlang. Ohne zu klopfen reißt sie die gedämmte Sitzungstür auf und schreit in den Saal: *„Es war alles ein Irrtum! Ich möchte meinen Gottfried zurück!“*, ohne zu bemerken, dass bereits ein anderes Paar kleinlaut vor dem altehrwürdigen Richter sitzt, die Scheidungspapiere unterzeichnend.

Variante 2

Sie läuft zurück und WIRD beim Überqueren der Straße von einem Auto gerammt, schwer verletzt in ein Krankenhaus gebracht und tags darauf von ihrem Ex besucht, der an ihrem Krankenbett reumütig sein Eheversprechen erneuert, so sie nur ja wieder gesund werde. Was sie unter diesen Umständen auch sehr schnell tut. Zwei Tage später sollte sie aus dem Krankenhaus entlassen werden, um mit einbandagiertem Kopf am dritten Tage nach diesem Wunder *Gottfried* am Standesamt erneut das Jawort abzuringen.

Sie liebt mich nicht

Variante 3

Nancy, in Gedanken versunken, stolpert und fällt auf den Hinterkopf – mit dem Resultat, dass sie ihr Gedächtnis verliert. All das unsagbar Schöne und das unbeschreiblich Schlimme ist mit einem Schlag aus *Nancys* Kopf entschwunden. So führt sie fortan ein unbeschwertes Leben, zu welchem nicht unwesentlich der sie behandelnde Primarius beiträgt. Sonderklasse.

Variante 4

Raum für Ihre persönlichen Fantasien

Verschiedene Welten

SIE: So viel Schokolade kann ich gar nicht essen,
      dass ich mit dir glücklich werde.

ER: Mein Biervorrat ist auch aufgebraucht.

SIE: Was macht noch glücklich? Sauer?

ER: Versuch es mit Medikamenten!

SIE: Warst du jemals glücklich?

ER: Ja, immer wenn ich dich nicht sah.

SIE: Was habe ich nur an dir gefunden?

ER: Vielleicht Geld?

SIE: Du bist geschmacklos.

ER: Natürlich, hätte ich dich sonst kennengelernt?

SIE: Kannst du kurz anhalten?
      Ich muss aussteigen, der Zug kommt.

ER: Hier auf den Gleisen!

SIE: Du bist alles, was ich nie brauchte.

ER: Wir verstehen uns –
      zumindest in diesem Punkt.

Er liebt mich nicht

Tu es!

Schlag mich.
Ich verstehe nicht.
Wenn du mich wirklich liebst, schlägst du mir jetzt
ins Gesicht.
Das tue ich nicht.
Schlag mich – ins Gesicht.
Warum möchtest du das?
Weil es mir guttut.
Wie können Schläge guttun?
Frag nicht, schlag zu.
Das tue ich nicht.
Dann liebst du mich nicht.
Doch. Ich liebe dich, aber ich schlage dir nicht ins
Gesicht.
Warum tust du nicht, worum ich dich bitte?
Warum bittest du mich, wozu ich nicht bereit bin?
Sind wir am Ende?
Nein. [Lächelt] *Wir stehen ganz am Anfang.*

Seismograf

Wir müssen uns nicht berühren
um uns zu erreichen.
Wir müssen nicht reden
um uns zu verstehen.

Es gibt kein Rückgaberecht,
auch keine Annahmepflicht.
Der Forderungskatalog
wie das Anforderungsprofil

sind schlichtweg unnötig.
Was jetzt?

Ganz klar

Du sagst,
die Bücher müssen
neu geschrieben werden.

Ich sage,
die Geschichten müssen
neu erzählt werden.

Du sagst,
das Leben ist zu leben.

Ich sage,
es gehört mehr geliebt.

Du stimmst ein.
Wir sind einer Meinung.

Das Reservat

„*Was tun wir hier?*", fragt *Ilse.*

„*Hier sind wir, reicht das nicht?*", sagt *Elvira.*

I: „*Und wo sind die Männer?*"

E: „*Hier gibt es keine Männer*"

I: „*Wie? Keine Männer?*"

E: „*Na, keine Männer eben! So ist das im Reservat. Wir reden hier über die Welt und dass wir arm sind und dass wir arm sind und dass wir eben arm sind. Uns keiner lieb hat und wir in einer intakten Welt keine Männer brauchen. Wir brauchen Selbsthilfevereine, aber doch keine Männer. Wir leben in einer modernen Welt. Und in einer modernen Welt brauchen wir keine Männer. Wir backen Frauenkuchen, laden Referentinnen ein, saunieren in Frauensaunen und gehen in Frauenlokale.*"

I: „*Ich weiß nicht, ob ich hier richtig bin.*"

E: „*Nur hier bist du richtig, dummes Ding! Such dir einen Namen aus. Frauencenter, Zentrum für Frauenangelegenheiten, Selbsthilfeverein Frau oder einfach: Die Frau!*"

I: „*Können wir nicht vielleicht doch ...?*"

E: „*Nein, können wir nicht. Wenn wir etwas erreichen wollen in dieser gottverdammten Welt, dann müssen wir das alleine tun. Oder denkst du vielleicht, Männer werden uns helfen?*"

I: „*Vielleicht.*"

E: „*Sicher nicht. Ich weiß, wovon ich spreche. Ich war zweimal verheiratet, zwei Häuser sind mir geblieben und vier Kinder von drei Männern. Und*

glaub mir eines, Darling: Männer helfen dir nicht,
Männer wollen dich vögeln!"

I: *„Ich möchte mit einem Mann leben."*

E: *„Ja, dann bist du bei uns falsch. Hier gibt es definitiv*
keine Männer."

I: *„Warum hast du mir das nicht vorher gesagt?"*

E: *„Ich dachte, das müsste nicht extra erwähnt werden.*
Die Welt von morgen ist weiblich, ist dir das klar?
Wir pflegen einen strengen Reservatsgedanken
und dulden keine Verstöße. Entweder du bist für uns
oder gegen uns."

I: *„Gibt es kein Miteinander? Etwas Gemeinsames?"*

[Stille]

E: *„Kindchen, so kommen wir nicht weiter. Es geht*
um Macht, um Einfluss und Prestige, nicht um Ge-
meinsames. Wir wollen Autonomie."

I: *„Und was machen wir dann mit dieser Autono-*
mie?"

E: *„Das besprechen wir, wenn wir sie haben. Wir*
wollen Quotengleichheit bei Führungskräften."

I: *„Und wenn wir diese erreicht haben, was tun wir*
dann damit?"

E: *„Das besprechen wir, wenn es so weit ist. Wir wollen*
unseren Mann stellen."

I: *„Hmm. Also du bist auf einem guten Weg. Ich*
möchte hier raus."

E: *„Wir wollen Ampeln, die Männer UND Frauen*
zeigen."

I: *„Lass mich hier raus."*

E: „*Wir wollen Gebrauchsanweisungen, die Männer und Frauen gleichermaßen ansprechen.*“

I: „*Mir wird heiß.*“

E: „*Wir wollen weiblich besetzte Firmen, Charity-Vereine und politische Ämter. Wir wollen Macht.*“

I: „*Lass mich bitte hier raus.*“

E: „*Wir wollen Frau für die Welt – und Welt für die Frau. Wir wollen, was wir wollen, wen wir wollen und wann wir wollen. Wir wollen uns und nur uns. Unterschreib hier unten.*“

I: „*Niemals.*“

E: „*Wirst du wohl unterschreiben, Schlampe!*“

I: „*Keine Chance.*“

E: „*Verfluchte Fotze, unterschreibe hier unten links: Für ein besseres Leben!*“

I: „*Niemals.*“

Ilse öffnet die Tür der Irrenanstalt, verlässt lautlos das Gebäude und ward seither nie mehr gesehen.

Die obsoleszente Beziehung

Auf den Tag genau nach sechs Monaten, also nach der persönlich eingeführten Gewährleistungsfrist, endet für *Lydia* jede Beziehung. Ausnahmslos. Keinen Tag länger, keinen Tag kürzer. Eine bewusste Fixierung, nötigenfalls Reduktion der Beziehungsdauer. Das ist in *Lydias* Sinn. Nur dadurch gibt es Erneuerung, Abwechslung, kann Partnerschaft funktionieren. Werden neue Partner gebraucht. Wird Neues benötigt und haben Menschen eine Chance. Die Beziehung braucht „Obsoleszenz", ebenso wie die Wirtschaft. *Lydia* ist eine der Ersten ihrer Art. Sicherlich nicht die Letzte.

Wenn sie die Kofferraumklappe ihres Fahrzeugs öffnet, sperrt sie schon lange nicht mehr mit Schlüssel auf. Ihr zierlicher Fuß streicht unter die Stoßstange und entriegelt die Heckklappe. Dass diese ohne Muskelkraft selbstständig schließt, muss nicht extra angeführt werden. Moderne Frauen brauchen moderne Autos. Moderne Frauen leben moderne Beziehungen. Bereits bei Anbahnung weist *Lydia* ihre männlichen Kontrahenten darauf hin, dass die Beziehung, wie immer sie auch verlaufen möge, nach sechs Monaten endet. Ohne Verbindlichkeiten, ohne Forderungen, ohne Konsequenzen.

Sie ist unfruchtbar. Freie Entscheidung. Ein operativer Eingriff. Routine. Sie war eine der ersten Besitzerinnen des iPhone 7. Sie ist immer und überall die Erste. Schöne neue Welt. Sie besitzt keine Haustiere, wohnt auch nicht in einer Etagenwohnung. Immer das Dilemma mit den Nachbarn. Hat sie sich erspart. Eigenes Haus, eigener Garten. Kein Schaf, Mähroboter. Wenn *Lydia* mit Männern schläft, stellt sie einen Timer auf ihr Nachkästchen. Vieles läuft nach Programm. So auch der Geschlechtsverkehr. Zeitfenster: Sieben bis zehn Minuten. Sie konfrontiert ihr Gegenüber damit. Diese reagieren unterschiedlich darauf. Gewisse Männer erachten es als einen Scherz. Doch nach spätestens zehn Minuten wirft sie diese ab, setzt sich kommentarlos zu ihrem iPad und beginnt zu arbeiten. Verständnislosigkeit lässt sie nicht gelten. Andere hämmern munter drauflos und sind im Timing gar nicht mal so schlecht. Wieder andere versagen und versuchen eine Erklärung dafür zu stammeln. Interessiert *Lydia* alles nicht. Rationalität und durchgeplantes Zeitmanagement bestimmen ihr Leben. Bücher liest sie keine. Sie lässt sich vorlesen, während sie im Auto unterwegs ist. Und an ihrem Computer arbeitet. Das Fahrzeug ist selbstfahrend, elektrobetrieben. *Lydia* hat drei Fixtermine die Woche. Nagelmaniküre und Pediküre: Dienstag, 17.00 Uhr; EMS – elektromyografische Muskelstimulation: Donnerstag, 19.00 Uhr; Sauna: Sonntag, 18.00 Uhr. Diese drei Termine sind unumstößlich.

Lydia teilt ihre sechs Monate stringent ein: zwei Monate Verliebtheitsphase, zwei Monate Urlaub und zwei Monate Auflösungsphase. Je nach Qualität ihrer Beziehung kann jeder der drei Teilbereiche um einen Monat variieren. Die anderen Teilbereiche werden

Er liebt mich nicht

entsprechend reduziert. Bevor *Lydia* sich auf die sechsmonatige Vertragsbeziehung einlässt, durchlaufen ihre potenziellen Partner ein Selektionsverfahren, erstellt von einem führenden Recruiting-Unternehmen mit Sitz in der Schweiz.

Lydia ist glücklich. Sie genießt das Leben. Ist nicht nur am Rande gegenwärtig, sondern mittendrin. Sie holt sich alles, was ihr zielführend und genusstechnisch nötig erscheint. *„Rücksicht auf ein Umfeld ist etwas für soziale Krüppel"*, wie sie meint. *Lydia* hat in ihren eigenen Augen durchaus so etwas wie ein Gewissen. Zumindest und vorrangig eine Verpflichtung sich selbst gegenüber.

Es läutet an der Türe. *Erwin*. Ihr neuer Vertragspartner. *Erwin* ist „sapiosexuell." Was das ist und wie *Lydia* mit *Erwin* harmoniert, erfahren Sie in der nächsten Geschichte.

Sapiosexueller Kraftakt

Dumm fickt gut. Das genaue Gegenteil ist der Fall. Zumindest wenn es nach *Erwin* geht. Dieser steht gerade vor *Lydias* Tür. Und wenn er dort nicht steht, ist *Erwin* Wissenschafter. Und hat alles liegen und stehen gelassen, als er von *Sapiosexualität* gelesen hat. Irgendwo. Und seitdem forscht *Erwin* an der Erotik des Geistes. Und seitdem scheitern *Erwins* Beziehungen, weil er nach der intelligenten Frau sucht, die ihn zufriedenstellen soll und befriedigen können soll. Nicht nur sexuell, sondern in erster Linie durch ihre Klugheit. Das turnt *Erwin* ungemein an. Doch *Erwin* erlebte in den vergangenen Jahren herbe Enttäuschungen. Daher forscht er noch mehr. Und forscht und forscht und forscht. *Erwin* ist so etwas wie ein Nerd. Er lebt in einer künstlichen Welt, weil er sich in der realen Welt, die übrigens auch nicht mehr real, sondern zunehmend künstlich geworden ist, nicht mehr zurechtfindet. Seine Forschung ist eine willkommene Gelegenheit zu verschleiern, was *Erwins* eigentliches Problem ist. Er hat Hemmungen, Frauen kennenzulernen. Zu dick, zu dünn, zu groß, zu klein, zu introvertiert, zu gesprächig und fast immer zu wenig intelligent. Die Eigenschaft der Klugheit steht ganz oben auf der Liste der Kernkompetenzen einer Frau. Klug und sinnlich muss sie sein.

Erwin hat zum Ausgleich seiner intensiven Forschungsarbeiten ein wenig verbreitetes Hobby: Er kaut Nägel. Auftragsbezogen. Also nicht nur seine eigenen.

Über ein Erotik-Onlineportal bietet *Erwin* seine Dienste des Nägelkauens an. Es gibt so gut wie keine Einschränkungen. Die Ausrichtungen als Nägelkauer sind vielfältig. Männlich, weiblich, Finger- und Fußnägel. Schmerzhaft oder sanft. *Erwin* hat vieles gesehen und alles mitgemacht. Dreckige, ungepflegte Nägel, Nagelpilze und Nagelbetteiterungen. *Erwin* musste da durch. Er wollte nicht wie die amerikanischen Studenten enden, die sich ihr Studium über Kleinkredite finanzieren. *Erwin* ist solide, nicht verschuldet und finanziert sein Studium eben übers Nägelkauen. Er kann nichts Schlimmes daran finden.

Wie *Erwin* das zwischenmenschliche Leben dreht und wendet, die Erotik der Intelligenz, sein sapiosexueller Ansatz, ist sehr ausgeprägt. Woher er diesen Ansatz hat, ist ihm schleierhaft. Wird sich wohl irgendwann in der Kindheit manifestiert haben. Wie alles und jedes ohnehin aus der Kindheit stammt. Und wenn man nicht weiß, woher es kommt, schiebt man es der Kindheit zu.

Auf *Lydia* ist er ebenso über das Erotik-Internetportal *Wumps* gestoßen. Und so steht er nun da vor ihrer Türe und hofft, in *Lydia* eine kluge, sinnliche Frau gefunden zu haben.

Die Türe öffnet sich – die beiden sehen sich, und es macht klick.

Lydia und Erwin

Er ein Nerd, Nägelkauer aus Passion und Forscher der Sapiosexualität. Sie strukturelle Modern Woman mit Sechs-Monate-Teilzeitpartnerschaften und durchstrukturiertem Tagesablauf. Wenn das nur gut geht. Sie haben sich vom Fleck weg ineinander verliebt.

Anfangs war die Abstimmung das Problem. Liebe überwindet bekanntlich alle Hürden. *Erwin* forscht noch immer. *Lydia* gab ihm bisher nicht den Ansatz eines Grundes, sich von ihr zu entfernen. Sie überrascht ihn immer wieder aufs Neue. Und *Erwin* ist der erste Mann in ihrem Leben, für den sie ihr Sechs-Monate-Papier, die Vertragsgrundlage bisher jeder Begegnung, zerreißt. Mit dem sie sich ein dauerhaftes Leben vorstellen kann. *Lydia* übernimmt für *Erwin* sogar die Terminplanung. Wann und wohin er fahren muss, um Nägel zu kauen. *Lydia* hat in *Erwin* einen Mann gefunden, der in ihr komplexes Zahnradsystem passt. Der sich in ihr einzigartiges Gefüge einpasst und für ein funktionierendes Uhrwerk sorgt.

Selten laden sie Gäste ein. Sie sind sich selbst genug. Was braucht es da die restliche Welt? Sie studieren sich. *Lydia* ist dankbar für die Begegnung. Und einen Tag nach Ablauf der Sechs-Monate-Frist fühlt sie sich wie jemand, dessen Weltuntergangsprophezeiung nicht eingetroffen ist. Der auf einem Stein sitzt und über die Hügel der Landschaft blickt, Harmonie und Gleichklang spürend. Sie kann es selbst nicht fassen,

ihre Hormone spielen verrückt. Und sie stellt fest: Es
ist alles ganz anders. Und schöner. Schön ...

Resistenz

Welches Dämmmaterial hat dein Gehirn isoliert?
Ich verirre mich gerne in dir.
Absichtslos.
Du nimmst mir das nicht ab.
Heuchler, schreist du
und bemerkst nicht, dass dir die Glaswolle
beim Hals heraushängt.

So sitzen wir auf der Parkbank
und halten uns an den Händen.
Gut isoliert,
damit uns nicht friert.

Fragenkatalog

Wofür lieben,
wenn hassen doch viel leichterfällt.
Wofür fragen,
wenn das Gegebene aufbereitet vor uns liegt.
Wofür leben,
wenn ein Existieren reicht.

Viele Fragen – eine einzige Antwort:
um sich und andere zu spüren.

Habe ich alles?

Ein wildes Durcheinander.
Liebe kommt darin vor.
Zwischen Musikstunde der Kleinen,
Autoreparatur,
Rechtsanwaltstermin,
Besitzstörungsklage,
zwischen Hausbau
und Zahnersatz

gedeiht es besonders gut,
das zarte Pflänzchen
Liebe.

Jetzt nur nicht drauftreten.

Ausbruch

„Komm, lass uns hier verschwinden."

[Mit diesem Satz wollte ich zeit meines Lebens als
Autor beginnen]

„Zeit, ein neues Kapitel aufzuschlagen." Henriette
und *Paul* hält nichts mehr an diesem Ort. Weder die alte
Bäuerin, die *Henriette* immer missmutig ansieht und
an allem, was sie tut, etwas auszusetzen hat; noch der
Bäuerin Ehegatte, der ihr immer auf die wohlgeformten
Waden schaut und sicher nichts dagegen hätte, wenn
sich *Henriette* mal vor ihm nach vorne beugen würde.
Paul ist ihrer Meinung. Zeit, zu verschwinden. Zeit, sich
neu zu orientieren. Zeit, von allem Überflüssigen wegzu-
kommen. Zeit für Gemeinsames. Zeit, wieder zueinander zu finden. Beide haben die Zeichen der Zeit erkannt.

Paul ist Bestäuber. Er steigt von Ast zu Ast und
bestäubt die Blüten. *Henriette* arbeitet in einer Single-
börse – Backoffice-Bereich. Nur selten hat sie direkten
Kontakt mit Kunden. Was sie dort zu lesen bekommt,
geht selbst Hartgesottenen an die Substanz. *„Was
denken sich eigentlich Menschen, die hier nach dem
Glück suchen?"* Es erfüllt sie mit Freude, mit *Paul*
einen Mann, den sich jede Frau nur wünschen kann,
an ihrer Seite zu wissen. *Paul* denkt darüber nicht
nach. Er vermisst die Bienen. Er stellt sich die Frage,
wie das alles weitergehen soll ohne Bienen. In dieser
Region gibt es keine Bienen mehr.

Der Grund, warum beide unisono beabsichtigen zu flüchten, liegt im heutigen Vormittag. Zwei Stunden lang saßen *Henriette* und *Paul* neben einer Kasse einer Supermarktkette, tranken mehrere Kaffee und beobachteten die Einkaufsgepflogenheiten der vorüberhastenden Menschen.

Die Alleinerzieherin: WC-Steine, Putzmittel, Süßigkeiten, Fertigpizza, Fertigsugo und jede Menge Spaghetti. Das Einzige, das die Kinder essen.

Der Single-Mann: Fertigsugo, WC-Papier und Küchenrolle, Dosenfisch und Shrimps-Salate, Krainer Würste, Käsekrainer, Haltbarmilch, eine 12er-Lage Dosenbier.

Das junge Paar: Fertigpizza, Margarine, Fertigsugo und jede Menge Spaghetti, Knoblauch und Zwiebel, eine Kuschelrock-CD.

Das junge Mädchen: Wattepads, Haargel, Haargummis, OB, Slipeinlagen, Kaugummi. Diätkäse.

Die vierköpfige Familie: 2 leere Kartonschachteln, 4 Liter Fertigmilch, 2 Kinder-DVD, 1 Lage Milch, 1 Lage Zucker, Senf, Ketchup, Mayonnaise, Arbeitsschuhe für ihn, Baumwollunterwäsche für sie, 1 Gartenschere, 1 Plastikkomposter und 4 Paar Gartenhandschuhe, 1 Packung Eistüten, Müllsäcke groß und klein, Tiefkühlpizza, Pommes, Potato Wedges, Putenfleisch. Fertigsuppen diverse.

„Komm, lass uns hier verschwinden", waren die ersten Worte nach *Henriettes* Beobachtung. „*Nichts, was uns hier noch hält, in dieser beschissenen Konsumgesellschaft.*" *Henriette* ist praktisch veranlagt. Alle Entscheidungen durchlaufen ein Raster. Die Idee, tags darauf die Überprüfung; hält sie stand, wird *Paul* davon informiert. Ist auch *Paul* damit einverstanden, wird die Idee umgesetzt.

Henriette und *Paul* brechen auf, ziehen weg von hier. In ein Land, das Bienen noch eine Zukunft bietet. In ein Land, dessen Bewohner sich nicht im Konsum erschöpfen. In ein Land, in dem Liebe noch eine Chance hat. Gute Reise!

In Ruhe

Ein Bett wäre jetzt fein.
Oder dein Schoß.
Deine Hände,
die scheinbar mühelos
meine Körper-Berg-und-Tal-Welt
überfliegen
und am Ende
erschöpft und glücklich
auf meiner Haut
landen.

Er liebt mich nicht

Auswahlverfahren

Hier geht es zum Auswahlverfahren.
Der Vielfalt grenzenlos
ist das Eine einerlei.
Wer wählt,
schränkt sich ein.

Wer nicht wählt,
bringt sich
um die Erfahrung,
ohne die vieles
wesentlich leichter wäre.

Alleingang

In Relation zu sich selbst.
Vermächtnis ohne Fremdeinwirkung.
Das Profil für andere schärfen
anstatt ihnen auf den Leim zu gehen.
Den Garten alleine betreten
und Vielfalt, Farbenpracht
mit einem stummen Oh
im Stillen bestaunen.

Sich selbst Rechenschaft sein.
Als ob „ihr zuliebe" ein Argument wäre?!
Verhältnismäßig ruhig ist es alleine.
Doch wenn du hinhörst,
kannst du es hören:
das Schlagen deines Herzens.
Und das darf sein.
Und das muss sein.
Und das muss bleiben.

Sie liebt mich nicht

Keine Zeit

Wenn das der Maßstab ist,
brauchen wir
ab sofort
neue Maßeinheiten.

Maßlosigkeit
wäre das Gebot der Stunde.
Maßlos zu lieben
eine willkommene Gelegenheit.

Und wer noch etwas Zeit
zur Verfügung hat,
möge sie den anderen schenken,
der Liebe wegen ...

Hoffnung

Ich versinke
in einer nicht zu rettenden Welt
und halte an der Hoffnung fest,
dass es jeden Tag besser werden wird.

Nichts lasse ich unversucht,
um dein Unvermögen –
zu erkennen, dass es weitergeht –
zu widerlegen; um dir zu zeigen

wie sie sein kann, die Welt
und mit ihr alle Liebenden.

Richtungswechsel

Ich folge euch nicht mehr.
Das macht euch Angst.
Euer Weg hat hier und heute
ein Ende.

Wild gestikulierend.
Ratlosigkeit.
Blankes Entsetzen
in euren Gesichtern.

Die Legitimation
entzogen.
Niemand,
der euren Scheißdreck kauft.

Ihr schreit
noch lauter.
Niemand kann und will
euch künftig hören –

bis ihr von selbst verstummt
inmitten unzähliger
sich liebender
und sich erreichender Menschen.

Zeitfenster

Wir könnten miteinander schlafen, doch du sagst: „*Nicht am ersten Abend.*" Wir könnten uns umarmen, uns spüren und dabei feststellen, dass wir uns nach nichts mehr sehnen, als ineinander zu versinken, doch du sagst: „*Nicht am ersten Abend.*" Wir könnten miteinander schweigen, doch du sagst: „*Nicht am ersten Abend.*" Wir könnten in deine Wohnung gehen und miteinander Tee trinken, uns an den Händen halten, doch du sagst: „*Nicht am ersten Abend.*" Wir könnten uns in die Augen sehen und abwechselnd auf den See, der den Sonnenuntergang am Wasser spiegelt, doch du sagst: „*Nicht am ersten Abend.*" Wir könnten an der Würstelbude stehen und unsere Kleider würden langsam den Geruch des ranzigen Frittierfetts aufnehmen, doch du sagst: „*Nicht am ersten Abend.*" Wir könnten über Belangloses reden, feststellen, dass wir Interesse aneinander haben, und wissen, dass dieses Interesse weit über das Alltägliche hinausgeht, doch du sagst: „*Nicht am ersten Abend.*" Wir könnten miteinander streiten, völlig anderer Meinung sein, doch du sagst: „*Nicht am ersten Abend.*" Wir könnten uns wüstest beschimpfen, einander Gedanken und Geschirr an den Kopf werfen, doch du sagst glücklicherweise: „*Nicht am ersten Abend.*" Wir könnten einander belügen, betrügen, vortäuschen, wer anderer zu sein, doch du sagst: „*Nicht am ersten Abend.*" Wir könnten vorgeben, miteinander und jeder für sich glücklich zu sein, doch du sagst: „*Nicht am ersten Abend.*" Wir könnten einander küssen, ganz

Sie liebt mich nicht

im Moment oder währenddessen völlig woanders sein, doch du sagst: *„Nicht am ersten Abend."* Wir könnten eine beiderseits akzeptierte vorübergehende Beziehungspause einlegen, doch du sagst: *„Nicht am ersten Abend."* Wir könnten uns infolgedessen den Vorschlag unterbreiten, getrennte Wege zu gehen, doch du sagst: *„Nicht am ersten Abend."* Wir könnten daraufhin die Welt nicht mehr verstehen, doch du sagst: *„Nicht am ersten Abend."* Wir könnten uns ob der sich überschlagenden Ereignisse voneinander trennen, doch du sagst: *„Nicht am ersten Abend."*

Du sitzt mir gegenüber und wirkst verwirrt.

Was an so einem Abend alles passieren könnte, denke ich bei mir, während ich dir aufmerksam zuhöre und gleichzeitig versuche, etwaige Vorschläge für den weiteren Verlauf des ersten Abends tunlichst zu unterdrücken.

Du siehst mich an, mit großen, neugierigen Augen, und fragst: *„Was machen wir noch heute Abend?"*

So viele Fragen

Warum wir sind
wissen wir nicht.
Warum laufen
wo im Gehen doch
viel mehr zu sehen ist.

Warum alleine sein
wenn der Duft des Gegenübers
Tür und Tor öffnet
und erst dein Geruch
mir eindrucksvoll vorführt

wer ich wirklich bin.

Versuch

Der stetige Versuch
das Schönste zu schreiben
endet in der bitteren Erkenntnis
zu scheitern.

Ich lerne daraus
und schreibe das Hässlichste
in der Hoffnung
ebenso wenig erfolgreich zu sein.

In die Jahre

Wie zwei Blätter
die zugleich fallen
umeinander taumeln
manchmal sich berührend
abrupt die Richtung ändernd
langsam zu Boden sinkend
um aufeinander liegend
die Erde küssend
eins zu werden.

Priorität

Der Wichtigkeit halber sei gesagt,
dass mich Ihr Anliegen nicht interessiert.
Dass mir der Gesellschaft Anliegen
kein persönliches Anliegen ist.

Dass mein Anliegen kein Weltanliegen ist,
wir daher in diesem Punkt nicht übereinstimmen.
Ich mich daher genötigt fühle,
die Notbremse zu ziehen,

und es ab heute vorziehe,
        vor
        mich
        hin
        zu
        lieben.

Nüchterne Betrachtung

Getrennt voneinander betrachtet kommen wir zu dem eindeutigen Schluss, dass wir nicht zueinander passen.

ABER

Unter Berücksichtigung besonderer Umstände dürfen wir zu Protokoll geben, dass wir ohneeinander nicht können. Wie sollen wir das erklären? Das Ganze ist mehr als die Summe seiner Teile, verstehen Sie? Nun ja. Wenn Sie mich so fragen, genau kann ich das auch nicht sagen, was ich an ihr und sie unverständlicherweise an mir findet. Aber müssen wir um Himmels willen alles erklären? Wir sind uns sicher, daran gibt es keinen Zweifel, also dass wir zusammenpassen und eben auch nicht.

Wenn wir uns nicht mehr sehen, dreht sich die Erde auch weiter, aber wenn wir uns sehen, ist das so, als hätte die Erde aufgehört sich zu drehen. Ist das nicht unglaublich? Diese Wechselwirkung! Macht uns verrückt und voneinander abhängig.

Wissen Sie, diese Fragen haben sich unsere Eltern ja nicht gestellt. Da waren andere Dinge wichtig. Da war es wichtig, für die Familie da zu sein. Doch nicht die Frage, ob man miteinander kann. Es gab definitiv keine Alternative. Und jetzt sind sie tot. Und wir da. Jetzt müssen wir mit diesem ganzen Schlamassel fertigwerden.

Er liebt mich nicht

Beziehungsstatistiken. Abwägen, ob diese oder jene Beziehung Bestand haben könnte. Ja sind wir denn hellsichtig? Vielleicht wäre ja ein Single-Leben von Vorteil, könnten Sie einwenden. Ich gehe Ihnen nicht auf den Leim. Behalten Sie sich Ihre Isolationsfantasien. Wir leben Partnerschaft, auch wenn wir nicht miteinander können. Das sind wir uns wert. Jawohl. Gel, *Hilde*?!

„Herr Leitner, Sie sind hier wegen schwerer Körperverletzung. Ihre Frau weist mehrere Blutergüsse am Hals, an den Oberarmen und am linken Auge auf. Ihre Frau gab zu Protokoll, dass Sie sie geschlagen haben?!"

Ja wissen Sie, Herr Inspektor, wie schon erwähnt. Es ist eben nicht alles schön auf dieser Welt. Und meine Frau hat das herausgefordert. Aber glauben Sie uns, wir lieben uns. Und ich habe eben eine eigentümliche Art, meiner *Hilde* das zu zeigen. Gel, *Hilde*?! Und der gebrochene Kiefer im vorigen Jahr, das war wirklich ein Unfall, das müssen Sie mir glauben, Herr Inspektor. Sie ist einfach auf ihre Pappn gefallen. Da hatte ich null Einfluss darauf. Das schwöre ich bei Gott. Im Grunde geht's ihr eh gut. Mir gut. Uns allen gut. Die Rippenbrüche von vor zwei Jahren waren ein Skiunfall, das habe ich damals auch im Krankenhaus zu Protokoll gegeben. Die ganze Geschichte tut mir unendlich leid. Gel, *Hilde*?! ... Sag auch mal was dem Herrn Inspektor.

Herr Inspektor, wissen S' was? Vergessen wir das alles einfach. Schauen S' raus, ein wunderschöner Tag, wir müssen noch einkaufen, machen S' uns nicht allen das Leben schwer wegen solcher Lappalien.

„Herr Leitner, Sie haben recht."

Wirklich?

„Ja. Gehen Sie nach Hause, schlagen Sie Ihre Frau weiter – haben Sie Kinder auch? Vielleicht sollten Sie das gleichmäßiger verteilen, dass die Kinder auch mal drankommen. Wenn Sie von unserer Seite was brauchen, lassen Sie es uns wissen, ansonsten sehen wir uns in einem Jahr wieder. Alles Gute Ihnen und der Gemahlin."

Komm, *Hilde*. War das nicht ein freundlicher Beamter? So ein netter Inspektor.

[Stille]

Jetzt komm schon, stell dich nicht so an. Immer dasselbe mit den Frauen ...

Fragestunde

„*Mama. Weißt du, was Liebe ist?*" „*Nein*", meldet sich *Ilse* nach kurzem Zögern zu Wort. „*Fragst halt einfach den Papa.*" „*Aber der ist doch vorige Woche ausgezogen*", kontert die acht Jahre alte *Nathalie*. „*Dann fragst du ihn eben, wenn du ihn das nächste Mal siehst.*"

[An das Publikum] Wissen Sie, was Liebe ist? Oder Sie? Oder Sie?

Ohne in philosophische Tiefen und Geistesabsurditäten abzuschweifen, bleibe ich bei meinem Gefühl. Schwer und leicht zugänglich.

Liebe.

Eine Momentaufnahme, zu deren Kerneigenschaften es zählt, sehr lange durchzuhalten. Ein Seinszustand. Ein Vermächtnis an die Menschheit, das im kleinsten Sandkorn beginnt und im Menschen endet. Braucht Liebe den Geist? Vor allem den menschlichen? Wohl kaum. Liebe braucht den Menschen nicht. Der Mensch braucht die Liebe. Und ohne Liebe ist alles Menschsein nichts.

So tappen wir denn weiter im Dunkeln, mit dem Wissen, dieses weit über alles Leben hinaus existierende Rätsel wohl niemals zu lösen.

Er liebt mich

Er liebt mich nicht

Zugabe

Sie liebt mich

Die Häutung

„Soll ich mich in dich verlieben?" Inge ist ratlos. Sie hat ihn zweimal gesehen. Solche Fragen sind ihr neu. Sie ist darüber irritiert und gleichzeitig positiv überrascht. Das passiert ihr seit wenigen Wochen auffallend häufig. Sie wird plötzlich angesprochen. Wahrgenommen. Umarmt. Vom anderen Geschlecht erkannt. Das alles fühlt sich so neu, aber unheimlich gut an. *„Zwa Kistn von de Balânce hån i bestellt. Jetzt ist zunehmenda Mond, jetzt miaß ma zufüahrn"*, kuttert am Stehtisch daneben ein tonnenförmiges Etwas einer unbedeutenden Gruppe eben unbedeutender Menschen zu. *„Åbnehman tua ma späta!"* Und bricht erneut in schallendes ungustiöses Lachen aus. Eine Form des Lachens, in das man nicht hineingezogen werden möchte. Von dem man sich abwendet. Unkontrollierte Menschen sind ein Sicherheitsrisiko. Unkontrolliertheit ist nur beim Sex gut. Und im Wirtshaus beim Getränkeverkauf – Registrierkasse hin oder her.

Inge steht inmitten vieler Menschen und zieht deren Blicke magisch an. Eine neue *Inge.* Sie ist nicht länger *unbedeutender Teil* einer Masse, sie ist *individuelles Subjekt* und prägt mittels ihrer Erscheinung erheblich diese Masse. Das war früher anders. Früher wäre sie nicht in dieser Kleidung zum Konzert erschienen. Dieses Selbstbewusstsein, ein Verständnis für ihre Weiblichkeit zu entwickeln, kam ihr weder im Außen noch durch sich selbst unter. Was hat es ausgelöst?

Sie liebt mich nicht

Inge wählt heute sorgsam aus, was sie zu welchem Anlass trägt. Diese Eigenschaft lässt eine große Anzahl von Frauen in der Gegenwart vermissen. Die junge Generation, noch tadellose Körper ihr Eigen nennend, fressen sich ihre wohlgeformten Bäuche voll und werfen den McDonald's-Müll während der Fahrt aus dem Autofenster. Die mittlere Generation ist mit Aufbau, Arbeit und Selbstfindung beschäftigt. Die Weiblichkeit wird hintangestellt und rückt in weite Ferne. Und dann ist da *Inges* Generation. Die Wiedererwachte. Die Lebende unter den Toten. Die Blühende unter den bereits Verblühten.

„Was daherkommt wie ein Arschloch, ist meist ein Arschloch", erinnert sich *Inge* an irgendeine Äußerung aus ihrem erweiterten Umfeld. Kein Spruch, der zu ihr persönlich passen würde. Hat aber etwas, diese Aussage. *Inge* geht mit dem Sinn dieses Satzes d'accord. *„Wie kann so ein Arschloch daherkommen?"*, fragt sie sich. Doch nur in Arschlochkleidung und mit einem Arschlochgang. Als ganzes Arschloch eben. Aber ganz so einfach ist es nicht. Die nationalasozialistischen Propaganda-Uniformen waren auch schmuck und adrett. Trotzdem würde niemand bestreiten, dass Arschlöcher und mehr noch in ihnen steckten. Kleider machen eben nur bedingt Leute. Das bringt *Inge* nicht weiter.

Inge ist nicht eine jener Frauen, die sich auf Konsum beschränken. Sich gar von Kritischem abwenden. Sie nimmt so manchen Kampf auf sich. Auch wenn es hart auf hart geht. Sie ist präzise, hat einen hohen Sinn für Gerechtigkeit, und wenn sie liebt, ist sie ergeben. Dass sie neuerdings bemerkt wird, schmeichelt ihr. Sie wäre nicht so töricht, daraus eine Überheblichkeit zu entwickeln. Alleine dieser Umstand macht einen nicht unerheblichen Teil ihrer Faszination und Strahlkraft aus. Sie selbst würde nicht kategorisieren, doch nimmt sie amüsiert wahr, wie ihre männlichen Kollegen genau diese Frauenkategorisierungen vornehmen. *„Merkel-Frauen"* zum Beispiel, absolute Antifrauen. Wussten Sie, dass Palmers eine eigene T-Shirt-Linie namens *Angela-Merkel*-Business-T-Shirt rausbrachte? Rundkragen und so. Sie erinnern sich? [Lächelt] Und dann *„die Tussn"*, das Gegenteil von Intellekt-Panzern wie *Angela Merkel*. Fein anzusehen, fein zu gebrauchen. Quasi ein Wegwerfprodukt aus der Sicht des Mannes. Auch botoxgespritzte, Schlauchbootlippen besitzende Society Ladys sind als eigene Kategorie zu finden. Wem's gefällt. Die Meinungen gehen auseinander. *Inge* findet für vieles Verständnis. Aburteilen ist nicht ihres.

Wenngleich sie den Frauenbildern einer heutigen Generation wenig bis gar nichts abgewinnen kann. Sie distanziert sich klar von ihnen, verurteilt sie aber nicht. Sie beobachtet ein vielfältig verzerrtes und degeneriertes Frauenbild. Allen voran die *Kampfemanzen*, die meist persönlich kindheitstraumatisiert die Welt vor bösen Männern glauben schützen zu müssen. Sie ziehen ein Frauenheer auf und setzen auf Isolation statt Integration und Gemeinsamkeit. Oder die *Business-Ladys*, die unter allen Umständen ihre Position in der Welt behaupten müssen. Ihren Mann stellen. Etwas steif und beziehungstechnisch antiquiert wirken in ihren blauen, von Business-Ratgebern vorgeschriebenen dunkelblauen Business-Outfits. Sie korrelieren mit den zu kurzen Anzügen von Versicherungsmaklern und Veranlagungsexperten. Schauderlich, was die Wirtschaft aus Menschen macht.

Inge hält sich zurück. Mit Worten und Taten. Eine Tugend. Sie sieht sich um. Gruppengespräche – belanglos. Fachgespräche – notwendig. Die Musiker. Nicht von dieser Welt Seiende. Eben in einer anderen Welt Existierende, heute hier Anwesende. Auch gut. *Es ist nur ein Konzert*, denkt sich *Inge*.

„Das Administrative in der Liebe." Wo kommt das jetzt wieder her? Was soll *Inge* damit anfangen? Das Administrative in der Liebe? Ein komplexes Regelwerk der Frau, an dessen Ende eine Entscheidung für oder gegen einen Mann steht. So weit der Beginn. Und wenn die Entscheidung *für* einen Mann gefallen ist, sieht die Administration anders aus. Zur Aufrechterhaltung notwendige Maßnahmen sind dann einzuleiten. *Inge* geht auch hier außergewöhnliche Wege. Liebe ist utilitär. Eine Nützlichkeitsdimension der Liebe? Ja, sie bekennt sich dazu. Liebe nützt den Menschen, insbesondere ihr. Bereits *Meister Eckhart*, Mystiker des späten 13. Jahrhunderts, anerkennt die Nützlichkeit der Liebe. Er wurde als Ketzer verbrannt. Die Liebe nützt *Inge*. Stellt ihr Frausein auf eine neue Ebene.

„*Soll ich mich in dich verlieben?*", quittiert sie mit einer leichten Kopfbewegung und dem sanften Heben ihrer Schulter, das alles offenlässt und ihr Gegenüber in eine Hochstimmung versetzt. *Inge* schreitet zu ihrem Sitzplatz, setzt sich. Das Licht geht aus. Eine fremde Hand nimmt die ihre. Das Konzert beginnt.

Verteilerdenken

Planbar und tot.
Wer wagt,
verliert.

Zombies haben nichts zu verlieren.

Liebende leben.
Wie unter Artenschutz
befindliche Wesen.

Plan B ist ihnen fremd.

Tauchgang

Tief abzutauchen
ist mit dir unmöglich.
Wenn ich bei dir bin
gibt es keine Dunkelheit.

Und allen Fragen
setzt du jäh ein Ende.
Die Antwort
ist deine Gelassenheit.

Ich weiß nicht,
ob ich dich verdiene.
Ich weiß nicht,
wie das weitergeht.

Ich weiß nur,
dass ich mich nach dir sehne –
dass unsere Verbindung
ewiglich besteht.

Er liebt mich nicht

Keine Ausrede

Mein Vermächtnis
ist mein Herz.

Auch wenn es geschunden ist,
mein Herz.

Auch wenn es gebrochen ist,
mein Herz.

Auch wenn es die letzten Takte schlägt,
mein Herz.

Mein Vermächtnis
ist und bleibt mein Herz.

Verkehrung

Auf einmal
war es so,
wie es alleine
nie sein konnte.

Verdammt noch mal,
wer hat dich geschickt?

Wolkenschieberin.
Frau Holle
und Aphrodite
in einer Person.

Wir machen uns die Welt,
wie sie uns gefällt.

Ich mache nicht.
Ich bin –
seit du anfingst
meine Luft zu atmen.

Sie liebt mich nicht

Verwerflichkeitsstudie

Was ihr offeriert
habe ich nicht bestellt.

Ich will die Liebe
und bekomme Konsum.

Ich will das Herz
ihr schickt mir volle Regale?

Ich will den Sinn
ihr macht euch darüber lustig.

Ich will den Menschen
ihr seid nur noch künstlich.

Ich beantrage hiermit
eine Rücksendung frei Haus.

Behaltet euren Scheißdreck.
Ich wechsle das Kaufhaus.

Liebe

Die Ruhe muss wieder einkehren.
Zeit für das Sichtbare,
das den meisten
unsichtbar geworden ist.

Eine Verkehrung
der Umstände,
ein Vermächtnis
an die toten Lebenden.

Vorausgehen.
Sich auf die Suche begeben
mit dem Wissen
nichts zu finden.

Er liebt mich nicht

Herbst

Eines Tages wache ich auf,
und der Fluss hat eine andere Farbe.

Alles ist anders,
du bist nicht mehr hier.

Verlass ist einzig auf den Sonnenaufgang,
der mich am Leben hält.

Für alles andere bin ich jetzt zu schwach,
vertraue auf die Fügung.

Die kühle Luft tut gut,
bringt Ordnung in jene Gedanken,

die unablässig um dich kreisen
und in der Frage münden:

Warum?

Gerald Eschenauer wurde 1972 in der Mittelkärntner 500-Seelen-Gemeinde Zweikirchen am Fuße des Ulrichsbergs als jüngstes von acht Kindern geboren. Mehrere Jahre Arbeit im Rundfunkbereich. Schauspiel, Theater, die Literatur und Philosophie sind seither seine steten Begleiter.

www.eschenauer.at

Zum Werk

Ich widerspreche mich in diesem Buch. Ist das nicht wunderbar menschlich, frage ich Sie. Dieses Buch ist ein Buch über die Liebe. Dieses Buch ist gleichzeitig ein Lehrbuch. Oder wussten Sie, was *Sapiosexualität* oder *Obsoleszenz* ist? Ich bin selbst überrascht, was dieses Buch alles ist. Auf jeden Fall ein sehr persönlicher Akt.

Bisher erschienen

Miefke Saga
2012, Bibliothek der Provinz, Weitra
ISBN 978-3-99028-119-2

Miefke Saga II – Passionen
2013, Bibliothek der Provinz, Weitra
ISBN 978-3-99028-239-7

Das Schlachten der Schweine
2014, Malandro Verlag, Klagenfurt
ISBN 978-3-902973-06-1

ent(z)weihnachtet [Hg.]
2014, Malandro Verlag, Klagenfurt
ISBN 978-3-902973-13-9

Miefke Saga III – Auch für Allergiker ...
2015, MITGIFT *Verlag*, Wien
ISBN 978-3-903095-00-7

MITGIFT *Verlag*